¿QUÉ ES EL KARMA?

EDITORIAL CÁNTICO
COLECCIÓN · LUZ DE ORIENTE
COLECCIÓN DIRIGIDA POR RAÚL ALONSO

cantico.es · @canticoed

Suscríbete a nuestro blog en
Medium @canticoed

Publicado originalmente en inglés en EEUU. por Larson Publications
4936 NYS Route 414
Burdett, New York 14818 USA

Editorial Cántico
Parque Logístico de Córdoba
Carretera de Palma del Río, km. 4
14005 Córdoba
Imagen de cubierta y falsas guardas: *India, Taj Mahal al atardecer*
(finales del s. XIX) por Ludwig Hans Fischer

ISBN: 978-84-10288-72-0
Depósito legal: CO 688-2025

Impresión y encuadernación:
Liberdúplex

PAUL BRUNTON

¿QUÉ ES EL KARMA?

EDITORIAL CÁNTICO

COLECCIÓN O LUZ DE ORIENTE

SOBRE EL AUTOR

Paul Brunton (1898-1981) nació en el centro cultural de Londres, y su sensibilidad introspectiva y mística pronto le condujo hacia Oriente, primero a la India y Egipto, y después por todo el mundo para explorar las tradiciones espirituales y reunirse con los grandes maestros de su tiempo. Mezclando su propia búsqueda interior con enseñanzas antiguas y contemporáneas, PB, como le gustaba que le llamaran, desarrolló una filosofía que se adapta a la vida en el siglo XXI, que expresa la mayor sabiduría y amor disponibles para la humanidad: la Sabiduría de la Mente Pura y el Amor de nuestro propio Ser. Se le conoce sobre todo por ser uno de los primeros divulgadores del espiritualismo neohindú en el esoterismo occidental, especialmente a través de su bestseller *La India secreta* (1934), que ha sido traducido a más de 20 idiomas. Brunton era partidario de una doctrina de «mentalismo», o mentalismo oriental, cuyo núcleo conceptual expone en *La enseñanza oculta más allá del yoga* (1941, nueva ed. 2015 en North Atlantic Books), *La sabiduría del superyó* (1943, nueva ed. 2015 en North Atlantic Books) y en la publicación póstuma de sus agendas en 16 volúmenes (Larson Publications, 1984).

La exposición más clara de sus ideas acerca del camino espiritual se encuentra en su libro *El corto camino hacia la iluminación* (Cántico, 2025).

INTRODUCCIÓN

"Karma." Actualmente una palabra bastante familiar. A menudo mencionada de forma trivial o escuchada con menosprecio en los círculos intelectuales, especialmente por personas extremadamente activas en busca de realizaciones y que la asocian con pasividad o la escuchan como una excusa para la pereza o por miedo a la responsabilidad. Algunas veces, ella es pronunciada con un suspiro que exprime una real o aparente resignación a la "voluntad de Dios".

Imagínese mi sorpresa al saber que el karma tiene que ver, de hecho, con la autorrealización en cuanto a poder y resultados. Pensar en ello como un poder externo a uno mismo es malinterpretarlo completamente. Investigar cómo funciona es ampliar el alcance y explorar los límites de la autorrealización.

Según estas enseñanzas, cada uno de nosotros tiene un poder interior y cierto grado de libertad. Las consecuencias de cómo elegimos usar o no usar ese poder resuenan a través de nuestras vidas. Los ecos se vuelven cada vez más complejos a medida que avanza la vida.

Elecciones similares que se toman una y otra vez se convierten en tendencias. Las tendencias se convierten en hábitos. Pensamientos, emociones, acciones habituales toman el control, colorean y dan forma a toda nuestra versión acerca del mundo.

Podemos empezar a pensar que la manera en que las cosas parecen ser es la manera en que realmente son y tienen que ser. Cuando pensar de ese modo se convierte en un hábito, la comprensión de la ley natural del karma puede ser extremadamente benéfica para nosotros.

Las enseñanzas sobre el karma *no* se tratan de resignarse a sí mismo pasivamente a las cosas como parecen ser. Ellas tratan de volverte a despertar a tu propio poder para ver con mayor claridad y actuar de manera más profunda y efectiva. Ellas también afirman que se puede dominar la fuerza que crea y altera los hábitos, me puedo alinear con la fuerza que crea y transforma el mundo.

Entender cómo funciona el karma no nos conduce simplemente para un egoísmo más esclarecido. El proceso involucra mucho más que hacerse conocedor de cómo volverse inmune al prejuicio y preservar más el autointerés de su ego. Lo más importante, y lo que debe ser más enfatizado, es que el karma no significa esconder, ocultando lo poco que tenemos para que las cosas no empeoren más aún.

Comprender el karma nos saca de nuestro aislamiento interno y nos lleva más allá de los problemas como el de evitar el dolor y de la autopreservación. Cada uno de nosotros no solamente se está autorrealizando, en el sentido de cosechar al final lo que sembramos, como también, según lo que aprendemos de las enseñanzas sobre el karma, todo el universo es un sistema de autorrealización; su continua existencia y actividad dependen, como la nuestra, de algo infinitamente mayor que el mismo, en lo cual está arraigado. El sistema, como un todo, gana, pierde o permanece igual dependiendo de lo que cada uno de sus miembros hace o deja de hacer. El karma es, en última instancia, nuestra garantía de una participación significativa en la vida del todo. Para bien o para mal.

Solo de una manera secundaria estas enseñanzas están relacionadas con las consecuencias. Solamente de una manera secundaria ellas se relacionan con el porqué cosechamos lo que hacemos, por qué nuestras vidas han tomado el curso que tomaron. Ellas hablan primero de las causas, del poder y de inspirarnos a ejercer nuestra verdadera libertad y *sembrar* lo que cosecharíamos, para *convertirnos* en lo que creemos que el mundo más necesita: bondad por bondad, oportunidad por oportunidad, o lo que sea que más nos gustaría ver en él. Estas enseñanzas están más relacionadas con la idea de que "Aprendemos y crecemos a través de nuestras acciones", de nuestros esfuerzos y no tanto con la idea de que "La venganza es mía, dice el Señor" por tus faltas (aunque se trate de eso).

Tu barco nunca llegará si no lo envías antes. Para vivir en un mundo mejor, cada uno de nosotros tiene que hacer su parte para llevarlo a cabo. Por lo tanto, estas enseñanzas son sobre acciones voluntarias mucho antes de los resultados de esas acciones. Y antes de eso, acerca de los pensamientos y emociones con las que vivimos, que conducen a esas acciones.

Paul Brunton (conocido por sus amigos y estudiantes como PB) es ampliamente reconocido, en el siglo XX, como uno de los estudiantes más perceptivos de la sabiduría antigua. Este pequeño libro presenta, de manera resumida y condensada, lo que él aprendió sobre el karma, a través de una larga vida enriquecida por variadas experiencias: desde la investigación personal, constantes ensayos y errores y la asociación íntima con hombres y mujeres sabios vinculados a las tradiciones sagradas del mundo entero. Estas joyas valiosas provienen de muchos años de sus escritos, que van desde mediados de la década de 1940 hasta poco antes de su muerte en 1981. Presentan de manera concisa no solo la esencia, sino también muchos de los detalles de las enseñanzas del karma, tal como aparecen en todas las sabidurías tradicionales del mundo.

PB nos dice, por ejemplo, que la interpretación esotérica del karma, "reconoce que un individuo totalmente aislado es solo un producto de nuestra imaginación, que la vida de cada persona está entrelazada con la vida de toda la humanidad, por medio de círculos en constante expansión, cuya amplitud es local, nacional, continental y finalmente planetaria; que cada pensamiento es influenciado por la atmósfera mental predominante en el mundo; y que cada acción se realiza de forma inconsciente, bajo la influencia de la sugestión predominante y poderosa que es generada por la actividad general de la humanidad. Esto hace que el karma sea el resultante de *todas* estas asociaciones mutuas y, en consecuencia, lo eleva de un nivel personal a un nivel colectivo. Es decir, 'yo', un individuo, comparto el karma generado por todos los demás individuos, mientras que ellos comparten el mío... Desde esta perspectiva más amplia, el karma nos hace sufrir y regocijarnos con la sociedad en su conjunto. Por lo tanto, no podemos separar nuestro propio bienestar del bienestar social. Debemos escapar del aislamiento interior y unir nuestros intereses al de la Vida en su Totalidad... La situación en la que todos nos encontramos hoy nos obliga a reconocer esta verdad desafiante en nuestro interés mutuo".

Las enseñanzas del karma a menudo se desarrollan en relación con las enseñanzas sobre la libertad, la predestinación, la Gracia y la reencarnación. PB me dijo personalmente en la primavera de 1981 que no es necesario para nadie aceptar la reencarnación para poder entender el karma, y lo que la mayoría de la gente dice sobre la reencarnación es incorrecto de todos modos. Supongo firmemente que, si él mismo hubiera preparado este pequeño libro, habría omitido la mayoría de las referencias sobre la reencarnación, con el fin de presentar las enseñanzas sobre el karma más claramente posible. Personalmente, sin embargo, no me siento cómodo en modificar de esa manera lo que él escribió y es por esta razón que esas referencias permanecen como fueron escritas. Pero los lectores deben tener en cuenta que PB enfatizó en reiteradas ocasiones que el karma normalmente se presenta lo más rápido posible.

Otro punto importante es que la elección de las palabras utilizadas por PB se volvió cada vez más personal y precisa, a medida que su comprensión profundizó a lo largo de los años. De modo constante, buscaba la mejor forma de decir las cosas, con la mayor claridad posible, maneras que rompieran con las respuestas estándares convencionales, facilitando así a los lectores a captar el significado central de la palabra con menos esfuerzo. Desde las primeras traducciones de la ley del karma como "ley de consecuencias", pasó a términos como "ley de equivalencia creativa", "ley de recompensa", "ley de auto responsabilidad", etc. Eventualmente, se dio cuenta de que incluso el término "ley de" podría ser incomprendido para las personas que toman esa palabra con el fin de dar a entender que el karma es una ley que podemos honrar o infringir, elegir obedecer o desobedecer. Tenga en cuenta que, con solo unas pocas excepciones que son obvias, esta variedad de términos se refiere a karma y no a alguna otra "ley" o principio.

Del mismo modo, el uso que él hizo de la palabra karma en sí evolucionó a lo largo de sus escritos. Algunos hablan del karma refiriéndose a acciones pasadas; otros enfatizan que es más significativo verlo como el poder de los actos e intenciones actuales. Ambos son válidos: considere las palabras en el contexto específico de los extractos en el texto que aquí se presenta.

Otra conversación personal que tuve con PB sobre la libertad y la predeterminación, vale la pena mencionarla acá, ya que esta idea no está muy clara en este libro. Lo menciono también porque aporta algún valor acerca del karma: dijo, que las personas que defienden el libre albedrío están parcialmente en lo cierto, así como aquellas que defienden la predeterminación. Cada uno tiene algo que escuchar del otro lado. *Cuando lo ves con cuidado*

—dijo— *la vida es una estructura de oportunidades muy ordenada*. Algunas de esas oportunidades son materiales, otras son espirituales. No tenemos control sobre el orden o el momento en que aparecen; pero ellas se presentan a un alma que es libre en todo momento para elegir o rechazar la oportunidad. Cada elección tiene consecuencias, y la vida nunca vuelve a presentar exactamente la misma oportunidad.

En cada momento dado, estamos viviendo las consecuencias de elecciones hechas anteriormente. En ese sentido, nuestras vidas están predeterminadas a corto plazo: las cosas ya puestas en marcha generalmente deben seguir su curso.

A un nivel más profundo, nuestra versión integral del mundo –y lo que es posible en él– se presenta a través del filtro de las tendencias que hemos desarrollado y los deseos que hemos fortalecido por nuestras propias elecciones repetidas.

Pero también somos libres de modificar el curso de nuestras vidas, por la forma en que reaccionaremos en la próxima ocasión; así que, a largo plazo, el libre albedrío vencerá. Desearía ahora haber pensado en preguntarle a PB a qué se refería cuando habló de "corto plazo" y "largo plazo". ¿Estaba pensando que a corto plazo serían meses o años, o tal vez el tiempo de una vida entera? Pero ahí voy de nuevo extraviándome del punto principal, pues lo más importante es liberarnos del karma lo más rápido posible.

Un elemento clave de estas enseñanzas es que la mejor manera de apelar en contra, o a favor, del principio del karma no es a través de oraciones, sino cambiando nuestros pensamientos. Cuanto más alteremos la tendencia general de nuestro pensamiento para mejor, mejor será nuestra vida exterior en última instancia. Las elecciones que hacemos hoy alteran o confirman, por último, el curso de nuestra vida. El karma, lejos de encarcelarnos, en realidad garantiza nuestra libertad para determinar gran parte de lo que seremos en el futuro.

Eso suena bien cuando te sientes fuerte, pero ¿qué ocurre cuando no? ¿Y qué ocurre cuando cavaste un agujero tan profundo que parece que nunca vas a salir? ¿Cuándo las cosas están tan mal, que pareciera que no hay vuelta atrás? ¿Cuándo el momento de una mala o tonta acción crea otra y otra en una serie interminable y desesperada? ¿Cuándo la desesperación te privaría a ti o a tus seres queridos de alguna oportunidad de empezar de nuevo o de una vida sin obstáculos importantes?

Sin embargo, la noticia es buena: la noticia sobre la relación entre el karma y la Gracia. Mira la nota acerca de Jesús y Buda (página 83 y 84), y date una vuelta por el capítulo tres. Es posible que desees leerlo varias veces. Su contenido puede parecer demasiado bueno para creerlo. Gracias a Dios (literalmente) que no lo es.

Finalmente, ¿qué pasa con los pocos para los cuales la libertad significa algo que es de un orden completamente diferente? ¿Los que no están contentos con pensar en la libertad como una elección entre esta mansión o esa choza, entre esta alegría del ego o ese dolor también centrado en el ego? ¿Aquellos cansados de todo tipo de vida fundamentada en la separatividad del yo y que anhelan el estado natural del espíritu: una serenidad bien estructurada, que no se altera ante los horrores de los júbilos, las alegrías y las tristezas o ante los aburrimientos de un día cualquiera? ¿Qué significa el karma para ellos?

¿Recuerdas la conversación mencionada en la página 13? «Algunas de las oportunidades son materiales, otras son espirituales». La elección es la que queda, las consecuencias son diferentes. Aprendemos que incluso la tendencia a identificarnos con los limitados intereses del ego personal es un hábito reforzado o debilitado dependiendo de cómo elegimos libremente: aceptándolo o negándolo. Los capítulos cuatro y cinco nos dan una idea de lo que significa elegir lo que libera el espíritu, ejerciendo todo el tiempo la increíble libertad que el karma garantiza, la cual, eventualmente, usaremos con sabiduría.

UNA NOTA DEL EDITOR AMERICANO

La Paul Brunton Philosophic Foundation y Larson Publications desean expresar sus más sincero agradecimiento a todos aquellos que trabajaron para hacer posible este libro. Traducir a Paul Brunton puede ser un desafío dado su estilo poético, la profundidad de su enseñanza y su forma única de utilizar la gramática. Producir una traducción fiel es una labor de amor que requiere mucho tiempo y esfuerzo. Las personas que contribuyeron a traducir al español el libro *¿Qué es el karma?* (*What is Karma?*) incluyen a los traductores: Paula Romero Salazar y Freddy Peña Jiménez, María Ochoa y Lourdes Brache-Tabar, así como también Magda Beatriz Rockett Berkowitz (Gran) y Alan David Berkowitz (Micha-El), responsables de la revisión y edición final del texto. Finalmente, nuestro agradecimiento a Pablo Lisandro Kühle, quien leyó cuidadosamente el manuscrito y corrigió las pruebas.

Paul Cash
Larson Publications

1

¿QUÉ ES EL KARMA?

Es absurdo tratar la idea del karma como si fuera una extravagante fantasía oriental. Es simplemente la ley que hace que cada uno de nosotros sea responsable de nuestras propias acciones y que nos pone en la posición de tener que aceptar los resultados que se derivan de ellas. Podemos llamarla la ley de la auto responsabilidad. El hecho de que se relacione con la teoría de la reencarnación no la invalida, ya que podemos verla operando en nuestra propia encarnación actual con bastante frecuencia.

* * *

El significado literal del karma es "haciendo" y el significado práctico es simplemente que el karma de una persona es su propia acción. Lo que somos ahora, lo hemos creado a través de nuestras propias acciones. El término karma en su referencia original incluye acciones mentales. El karma es simplemente un poder de la Mente Universal para realizar ajustes, restaurar el equilibrio y lograr un balance compensatorio. El resultado, en la esfera de la conducta humana, es que de alguna manera, en algún lugar y en algún momento, cualquier cosa que hagamos, en última instancia, terminará volviendo a nosotros. Ninguna acción se agota al realizarla; eventualmente esta dará frutos que inexorablemente regresarán a quien lo hizo. El karma es una fuerza de movimiento autónomo. Nadie la pone en acción, sea humano o sobrehumano.

* * *

Esta enseñanza no nos convierte en fatalistas letárgicos, así como no nos permite engrandecernos en individualistas engreídos. No ofrece ninguna excusa para una miserable debilidad, ni tampoco refuerza una fuerza ilusoria. Nos inspira con una visión equilibrada sobre nuestras posibilidades, una visión sensata de nuestros poderes.

* * *

Los materialistas pintan un cuadro terrible del universo como si este fuera una inmensa prisión donde nuestro destino, pensamientos y actos son totalmente determinados por nuestro ambiente físico. Entre los orientales, aquellos que son más ignorantes viven en un mundo encerrado donde se mueven impotentes de un lado a otro, prisioneros de la predestinación divina. El karma refuta estas dos sombrías alegaciones y nos asigna suficiente libertad para moldearnos a nosotros mismos y a nuestro ambiente. A través de nuestro propio desarrollo, afectamos o enriquecemos nuestro medio ambiente, ayudamos a la naturaleza o al contrario la obstaculizamos, también es cierto. El karma no dice que debemos esperar como mendigos harapientos ante la puerta del destino. Nuestro libre albedrío pasado es el origen de nuestro destino presente, así como nuestro libre albedrío actual será el origen de nuestro destino futuro. Consecuentemente, entre los dos, el factor más poderoso es nuestra propia voluntad. Por lo tanto, no hay espacio ni para el fatalismo brumoso ni para la excesiva confianza. Ninguno de nosotros puede evadir la responsabilidad personal, en cuanto a la modelación de nuestra propia perspectiva interior y medio ambiente externo, echando la culpa a algo u otra persona. Todos los que están luchando con obstáculos deberían beber una copa del vino de la inspiración de las manos de Beethoven, el maestro compositor. Él, que buscó escuchar los más sutiles acordes de la música, fue golpeado por una súbita sordera. Él, cuya vida fue dedicada completamente a la composición melodiosa para otros, un día se volvió incapaz de oír sus propias composiciones. Esto lo decepcionó, pero no lo desalentó. Enfrentando este problema con un corazón valiente, afirmó: "¡Me enfrentaré al Destino; este nunca me derribará!" Él continuó con su trabajo y entregó aún más grandiosas y mayores cosas al mundo, pues lo que aprendió en el sufrimiento, lo enseñó en la música.

* * *

El karma es una doble ley: por un lado, es general y, por el otro, es particular. La primera es fundamental, y aplicable a todo en el universo, ya que es simplemente la ley de la propia continuidad de cada ente individual. Ya sea un planeta o un protoplasma, dicha entidad tiene que heredar las características de su propia existencia anterior y así ajustar el efecto a la causa. El segundo es inmediato, y aplicable solamente a las personas que han alcanzado la autoconciencia, limitando así el inicio de su operación a las entidades humanas. Esto hace que el individuo sea responsable de los pensamientos y de las acciones nacidas de sus pensamientos.

* * *

El universo no podría existir como tal si no hubiera algún tipo de equilibrio manteniéndolo unido, algún tipo de sistema de equilibrio, como en la rotación de la tierra en su eje y los planetas alrededor del sol. Si reflexionamos un poco, nos daremos cuenta del mismo principio en la justa relación de los seres humanos con la Mente-del-Mundo (Dios) y entre ellos mismos. En este caso, ese principio se presenta como el karma.

* * *

Sería un error separar el karma del poder universal y tratarlo como un poder independiente. Este error explica la dificultad para entender su papel en la promoción de las manifestaciones del cosmos. Trate el karma más bien como un aspecto de Dios y como inseparable de Dios, o como una de las maneras en que se manifiesta la presencia de Dios.

* * *

No es posible comprender la verdadera naturaleza del karma si lo consideramos un poder externo al yo, dictando despiadadamente sus decretos para nuestra indefensa sumisión. Por el contrario, en virtud del hecho de que el mundo entero es mental, él es una fuerza que opera en todo y en todos. Esto produce la clara implicación de que lo que nos sucede es por la voluntad secreta de nuestro propio ser más íntimo. Desde este punto de vista, los sufrimientos que tal vez tengamos que soportar no son males al final, sino solamente en el sentido inmediato, y lo que aparece como una fuerza externa, ciega y despiadada es realmente una fuerza interna, consciente y purificadora.

* * *

El significado correcto de la palabra "karma" es acción voluntaria a través del cuerpo, del habla y de la mente. No incluye todos los resultados de esta acción, especialmente aquellos que producen o influyen en la reencarnación. Tal inclusión ha llegado a conceptos populares, pero muestra un uso vago del término. El karma es una causa puesta en marcha por la voluntad, no el efecto en absoluto. Por lo tanto, la frase "Ley de Recompensa" no es satisfactoria y se necesita una mejor.

* * *

Quizás sea mejor llamar a la ley de la retribución, la ley de la reflexión. Esto se debe a que cada acto es reflejado de vuelta a quien lo hizo, cada pensamiento es reflejado y regresa a su origen, como si lo hiciera a través de un gran espejo cósmico. Tal vez la idea de recompensa tenga una implicación moral demasiado fuerte y, por lo tanto, un significado demasiado limitado para ser el equivalente correcto de la palabra "karma".

* * *

La ley de las consecuencias no es, ante todo, una ley ética: es más apropiado decir que tiene un aspecto ético.

* * *

Es incorrecto y poco científico hablar de una "ley" del karma. El karma no es una ley para obedecer o desobedecer, ni es un código penal para los hacedores equivocados. Es simplemente el principio de las consecuencias inevitables.

* * *

El karma en la esfera de la conducta humana no es ni más ni menos que el carácter. Realmente, tenemos tanto libre albedrío como el que necesitamos. Si no aprovechamos las oportunidades ofrecidas, porque somos demasiado ciegos para reconocerlas, la culpa recae en nosotros mismos. Si nos embarcamos en una acción que es inicial y superficialmente provechosa, pero en última instancia es profundamente contraria a nuestros propios intereses y además trae toda una serie de otras acciones indeseables en secuencia, no debemos llorar por la crueldad del karma, sino por nuestra propia falta de inteligencia. Aquellos que practican la autocompasión como un hábito pueden encontrar en el karma un conveniente chivo expiatorio, pero la verdad es que los estándares éticos y las cualidades mentales de la humanidad son los factores ocultos que predeterminan nuestro destino. El karma no es una idea que debe embotar nuestras mentes o paralizar nuestras manos. Este tiene un valor positivo y una influencia regeneradora al despertar, tanto en las naciones como en los individuos: un sentido de responsabilidad ética, induciéndonos así a sanar voluntariamente las heridas causadas por errores del pasado.

* * *

La ética de los siglos anteriores se basaba en miedos infundados de una probable existencia de Dios; la ética del presente se fundamenta en la completa indiferencia hacia un Dios inexistente. La primera condujo a cierta restricción de la conducta, y la segunda conduce a ninguna. La ética del futuro será fundada en la comprensión racional del poder del karma, la ley de la responsabilidad personal; y esto conducirá a una moderación correcta en la conducta. Porque cuando contemplamos las limitaciones de la vida causadas por el ambiente, por los placeres no buscados y las dificultades ineludibles, llegamos silenciosamente a una percepción del poder del karma.

* * *

En el karma encontramos una clave para muchos enigmas de la historia contemporánea. Esta es una doctrina que nos advierte que hemos preparado el capullo de nuestro presente, en gran parte, por los pensamientos y hechos provenientes tanto de las vidas pasadas como de la encarnación presente. Ahora, la doctrina es tan aplicable hacia la historia de pueblos enteros como también a cada individuo. Su corolario es que nuestros caracteres y mentes están siempre en proceso de transformación a lo largo de los siglos; algunos son antiguos, con la rica experiencia de un pasado, pero la mayoría son jóvenes, imprudentes y no gobernados. Su lección es que, las cambiantes mareas del destino, ya sea bajo el destino público o la privada fortuna, no son insignificantes. Por el contrario, ellas nos invitan a una reflexión filosófica, para que podamos entender cómo los deberes descuidados o lo mal hecho son la raíz oculta de nuestros problemas. Aquellos que entienden correctamente el principio del karma, que no lo malinterpretan como que fuese un destino exterior e independiente, sino que lo ven como una fuerza que originalmente fue puesta en movimiento por nuestras propias acciones, comprenden también el papel importante que el sufrimiento ejecuta en la vida humana. Es más educativo que punitivo. El castigo merecido es realmente una forma cruda de educación. Las personas reflexivas aprenden lecciones de sus sufrimientos y deciden no cometer el mismo pecado o error por segunda vez.

* * *

El karma, al ser creado por la voluntad humana, está sujeto a modificaciones humanas. El destino, al ser decretado por el poder superior, no lo es. El hecho general de la muerte es un ejemplo del destino y en este sentido, la frase del poeta James Shirley: "No hay armadura contra el Destino", es verdadera. Pero el hecho particular de la muerte, su tiempo y su manera, puede ser alterable.

* * *

Aunque sea verdad que el curso de la vida está predeterminado, esto no significa necesariamente que esté predeterminado de manera arbitraria. No: las buenas y malas cualidades de su carácter, el desarrollo o la falta de desarrollo de sus capacidades, y las decisiones tomadas causalmente o a través de la razón son los verdaderos determinantes de su vida. Existe una ecuación inevitable entre la conducta y su consecuencia, entre el pensamiento y el ambiente, entre el carácter y el destino. Y esto es el karma, la ley de la equivalencia creativa.

* * *

Los procesos de imaginación son interminables e incesantes. Es inherente a la mente que una idea debe dar origen a otra, debido al carácter dinámico de la mente misma. El karma es la ley que vincula a las dos.

* * *

El Karma tiene un carácter doble. Existe un tipo, el cual ninguna inteligencia humana pueda crear o alterar, y existe también el tipo que se puede modificar por medio de pensamientos y acciones contrarios, o a través del arrepentimiento y la oración. El mal karma no se puede extinguir sin arrepentimiento moral, aunque puede ser modificado por la astucia.

* * *

Hay un factor importante e indudable entre el significado original del karma y lo que ha sido asignado a él a través del flujo del tiempo... Porque, mientras que el karma ha asumido el significado de que la vida de las personas está predestinada y moldeada para ellos, desde la concepción, antes del nacimiento y hasta la cremación después de la muerte, su significado original era simplemente que uno no podía escapar de las consecuencias de sus pensamientos y actos habituales. Significaba que el éxito o el fracaso en la vida se encuentra en gran medida en nuestras propias manos, que la satisfacción o el dolor están inevitablemente sobre los talones de la virtud o las equivocaciones.

* * *

La habilidad o la codicia, la oportunidad o la herencia, que lleva a alguien a la posesión de riquezas, es en sí mismo, el producto del karma de ese individuo.

* * *

El presente nos llega del pasado y el futuro se está construyendo en el presente. Los tres están entrelazados... Esta es una de las ideas más antiguas que se encuentra en la cultura humana: la idea de que la vida humana está sujeta a un poder superior, que cada uno de nosotros es personalmente responsable a una ley superior por causa de nuestras acciones y que no podemos escapar de su retribución por las malas acciones o su recompensa por la rectitud. Los estoicos de la antigua Roma tenían esta idea y la llamaban Destino. Los platónicos de la antigua Grecia la tenían y la llamaban Destino. Y los indios, la mayoría budistas e hindúes, la tenían y todavía la tienen, y la llaman Karma.

* * *

Cuando la revelación de la Idea-Mundo llegó a los místicos religiosos, solamente pudieron llamarla "Voluntad de Dios". Cuando ella llegó a los griegos, la llamaron "Necesidad". Los indios la llamaron "Karma". Cuando sus ecos fueron escuchados por pensadores científicos, la llamaron "leyes de la Naturaleza".

* * *

Cualquier persona que tenga ojos para ver puede observar que el universo revela que está siendo mantenido por un orden inteligente e inteligible. No fue un capricho arbitrario que una vez creó el mundo. Desde su creación no es el desorden ciego que lo ha gobernado. Hay un verdadero significado, hay una ley estricta, hay una coherencia genuina, hay un movimiento desde la piedra hasta la flor, desde el animal hasta el ser humano, a través de niveles cada vez más altos de integración en esta existencia universal. Cuando esto es entendido, se comprende que el karma no es meramente una ley por la cual se heredan impresiones anteriores o nuevas producciones personales, o una justicia moral retributiva, sino que también es algo mucho más extenso. Es una ley eterna que tiende a ajustar la acción individual hacia la acción universal. Ella trabaja para el universo como un todo, para mantener sus innumerables unidades en armonía con su propio equilibrio integral. La retribución simplemente se inserta dentro de esta actividad como un pequeño círculo concéntrico que está dentro de otro más grande. Los resultados de la existencia de cada individuo, la herencia de pensamiento y acción de cada persona, tienen que ser controlados para que al final obedezcan a una mayor regularidad del cosmos en sí mismo. Cada parte está unida al todo. Por lo tanto, todo tiende a la suprema rectitud. De hecho, es reconfortante percibir que el universo tiene un equilibrio tan significativo en su núcleo secreto.

* * *

La interpretación esotérica del karma reconoce que un individuo totalmente aislado es solo un producto de nuestra imaginación, que la vida de cada persona está entrelazada con la vida de toda la humanidad, por medio de círculos en constante expansión, cuya amplitud es local, nacional, continental y finalmente planetaria; que cada pensamiento es influenciado por la atmósfera mental predominante en el mundo; y que cada acción se realiza de forma inconsciente, bajo la influencia de la sugestión predominante y poderosa que es generada por la actividad general de la humanidad. Las consecuencias de lo que *cada uno* de nosotros piensa y hace, corren como un afluente hacia el gran río de la sociedad y allí se mezclan con las aguas de otras fuentes innumerables. Esto hace que el karma sea el resultante de todas estas asociaciones mutuas y, en consecuencia, lo eleva de un nivel personal a un nivel colectivo. Es decir, "yo", un individuo, comparto el karma generado por *todos* los demás individuos, mientras que ellos comparten el mío. Sin embargo, hay una diferencia entre la porción que nos toca a cada uno, en el sentido que "yo" recibo la mayor parte de los resultados de mis propias acciones realizadas en el pasado y una porción menor, de las acciones del resto de la humanidad.

* * *

De ahí nuestra sugerencia de que no todos los sufrimientos son merecidos, pero que en consecuencia y de manera compensatoria, la buena fortuna entra en juego. Si debido a la interdependencia de la humanidad tenemos que sufrir lo que no hemos merecido personalmente, es igualmente verdadero que debido a la misma interdependencia podemos recibir beneficios no ganados del karma positivo en general. Por lo tanto, esta operación colectiva del karma es como una espada de doble filo que corta por los dos lados: uno es doloroso y el otro agradable. La visión esotérica pone una cara nueva sobre la forma popular de la doctrina, y si, en general, ella se ha mantenido en segundo plano, es solo porque las personas están más interesadas en su propio bienestar personal que en el bienestar común...

* * *

Vivimos en común con los demás, pecamos en común también y debemos redimirnos en común. Esta es la última palabra, quizás desalentadora para aquellos que han superado a sus semejantes, pero alentadora para los que se han quedado atrás. Desde esta perspectiva más amplia, el karma nos hace sufrir y regocijarnos con la sociedad en su conjunto. Por lo tanto, no podemos separar nuestro propio bienestar al del bienestar social. Debemos escapar del aislamiento interior y unir nuestros intereses al de la Vida en su Totalidad. No hay necesidad de antagonismo entre clases, naciones y razas, no hay necesidad de odio y lucha entre diferentes grupos, ya sean grandes o pequeños. En última instancia, todos son interdependientes. Su separación es una ilusión tan grande como la separación de los individuos, pero solo la filosofía y la historia demuestran esta verdad. La situación en la que todos nos encontramos hoy nos obliga a reconocer esta verdad desafiante en nuestro interés mutuo.

2

CÓMO FUNCIONA EL KARMA

No existe ningún ser sobrenatural y externo que arbitrariamente administre o controle las recompensas o castigos kármicos. Nosotros mismos, inconscientemente, producimos sus semillas; cuando llega una hora favorable, ellas germinan y producen sus frutos.

* * *

No es que algún ángel misterioso y extrafísico, deva o dios, intervenga personalmente y manipule el karma, así como un artista de marionetas tira los hilos de las figuras suspendidas, sino que el karma es parte del equilibrio del universo, que trae un regreso, dejando una marca, permitiendo que cada reacción ocurra de acuerdo con su propio impulso inicial.

* * *

El funcionamiento del karma rastrea sus efectos complicados hacia sus causas complicadas.

* * *

Si al final –y algunas veces bien antes– el karma te alcanza, no todo es doloroso; el término karma no tiene por qué llenarlo todo de preocupaciones, porque el bien que has pensado y hecho también trae un buen retorno.

* * *

Ninguna existencia humana está libre de problemas en algún momento o sin conflictos en otros. El primero surge del elemento del destino inherente a la libertad humana, y el segundo, del elemento del egoísmo actual en las relaciones humanas.

* * *

A través de su ignorancia sobre las acciones y efectos del karma, el ego provoca muchas de sus propias oposiciones y muchos de sus propios problemas.

* * *

Invitamos al futuro por medio de nuestras aspiraciones. Tenemos las consecuencias de nuestros pensamientos, sentimientos y acciones. La naturaleza no tiene favoritismo, sino que nos da lo que merecemos.

* * *

Aunque el karma está determinado por lo que de hecho hace una persona, también es formado por lo que él o ella piensa y siente fuertemente.

* * *

Cuando al final seas llamado a rendir cuentas por el karma, no serás juzgado por los certificados de carácter que otros te otorgaron, sean buenos o malos, sino por los motivos que sentiste en tu corazón, las actitudes mantenidas en tu mente, y las acciones hechas por tus manos.

* * *

La ley de compensación *no* mide sus recompensas y sanciones de acuerdo con la pequeña escala de las pequeñas mentes humanas.

* * *

El uso máximo de las facultades de razonamiento no siempre puede proporcionar cada elemento en una situación. Hay algunos que solamente la intuición puede capturar: el factor kármico, por ejemplo. Esto explica los errores de cálculo de las personas que poseen una racionalidad más desarrollada, pero que carecen de desarrollo de la intuición para equilibrar.

* * *

La persona atrae los eventos y los entornos, en parte, según lo que eres y haces (el karma individual), de acuerdo con lo que necesitas y buscas (evolución), y en parte según lo que la sociedad, raza o nación de la cual eres miembro, es, hace, necesita y busca (karma colectivo).

* * *

Hay una sanción espiritual que pagar por cada mal comportamiento intelectual y cada mala conducta moral, sea que haya o no una sanción mundial. Para el primero, hay el fracaso de conocer la verdad; para la otra, hay el fracaso de encontrar la felicidad.

* * *

El karma se expresa a través de eventos que pueden parecer accidentes. Pero eso es solo en la superficie.

* * *

Las cosas actúan según su naturaleza. La Idea-del-Mundo registra estas acciones de una manera secreta y vuelve a reflejarlas con sus resultados apropiados. Y lo mismo que ocurre con las cosas, también ocurre con las personas. Cada uno de nosotros entona una nota en el universo, y el universo nos responde en la misma clave.

* * *

El karma te da lo que tú mismo has hecho en gran medida; no te da lo que prefieres; pero a veces es muy posible que ambos coincidan. Si eres parcialmente el autor de tus propios problemas, también estás trazando para ti mismo, a través de tu poder mental, la buena fortuna.

* * *

Si tu destino –el fragmento del destino que te ha sido asignado– desea que logres realizar una tarea determinada, una misión en particular, entonces –por mucho que te entretengas en un retiro aislado– te proveerá una compulsión interior que, a la hora señalada, te arrastrará desde tu retiro a la arena pública nuevamente. Incluso si la tarea ha estado distante de lo que tú deseabas y mantenida oculta de tu mente consciente durante los años anteriores, todavía tendrás que obedecer a esta fuerza interior inesperada, este llamado abrumador, que no es más que la voz del destino haciéndose oír de esta manera. Sí, paradójicamente uno lleva su destino dentro de sí mismo. El karma no necesita enviar ningún abogado para defender su causa.

* * *

Las fuerzas que se originan en tus encarnaciones pasadas surgen y te empujan hacia ciertas decisiones, acciones y actitudes.

* * *

La teoría del eterno retorno de Ouspensky es a la vez verdadera y falsa. Nos repetimos a nosotros mismos y a nuestras circunstancias, pero siempre en un nivel diferente. Es una espiral, no un círculo. Un evento o un período de vida corresponde a uno anterior, pero no es idéntico a él. El futuro es análogo al pasado, pero no lo duplica. La espiral no te trae de vuelta de forma idéntica al mismo yo o al mismo trabajo: te lleva a lo que te corresponde en un nivel diferente.

* * *

Nuestras miserias externas son símbolos y síntomas de nuestras fallas internas, porque cada sufrimiento que nosotros creamos y cada mal que consentimos es algo que se podría evitar. Puede que no dependa enteramente de ti mismo hasta qué punto los acontecimientos puedan dañarte, pero sí depende en gran medida de ti mismo. Si tuvieras la fuerza para destruir tu egoísmo con un solo golpe, y el *insight* para penetrar en la pantalla de una larga serie de causas y efectos, descubrirías que la mitad de tus problemas externos provienen de fallas y debilidades internas del carácter. Cada vez que manifiestas los atributos inferiores de tu carácter interno, los invitas a que se reflejen en eventos externos. Tu ira, envidia y resentimiento, si son lo suficientemente fuertes y sostenidos, traerán problemas eventualmente, enemistades, conflictos, pérdidas y decepciones.

* * *

No hay números de casa afortunados ni desafortunados. Si has tenido una serie de desGracias en una casa determinada, no es culpa del número que tiene la casa, sino que es por culpa de tu karma. Tu mal karma debía cumplirse durante ese período y habría de producir experiencias dolorosas, incluso si hubieras ocupado una casa totalmente diferente, con un número totalmente diferente. Entonces, el karma surge en última instancia de su carácter, o que es bueno, porque, finalmente, cambiando su carácter, cambiarás su karma hasta cierto punto. Luego regresa a la misma casa que una vez te trajo tristeza. Encontrarás que esta vez ya no sucederá eso. Aquel llamado número de mala suerte ya no te hará daño.

* * *

Todas las predisposiciones kármicas no están presentes en la conciencia al mismo tiempo; algunas todavía tienen que pasar de la condición potencial a la cinética.

* * *

Las personas deberían ser advertidas de que causa y efecto gobiernan en el ámbito moral, no menos que en el ámbito científico.

Deberían ser entrenadas desde la infancia para tener en cuenta este principio. Se les debe hacer sentir responsables por colocar causas en acción ya que ellas que pueden invitar al sufrimiento, o atraer problemas, o conducir a la frustración.

* * *

Hay un equilibrio inevitable entre nuestros principales pensamientos y acciones y nuestras principales experiencias de vida. Y este equilibrio se muestra donde menos se espera: en la esfera moral. Nuestras malas acciones producen sufrimientos, no solo para los demás, sino principalmente para nosotros mismos. Nuestra buena acción produce un rebote de la buena fortuna. No podemos escapar del funcionamiento de esta sutil ley de responsabilidad moral. La causalidad es la parte superior de una rueda cuya base es la consecuencia. Esto es cierto tanto de manera individual como colectivamente. Cuando, por ejemplo, una nación llega a creer que la concepción de lo correcto y erróneo es falsa, está condenada a la destrucción. Hemos visto esto en nuestros tiempos, en el caso de la nación alemana. La ley moral no es un producto de la imaginación humana. Es una realidad divinamente establecida.

* * *

La falsedad moral que lleva a un pueblo a pensar que puede construir su propia felicidad a partir de la miseria de otras personas, solo puede ser destruida por el conocimiento de la verdad del karma.

* * *

El pensamiento tiende a ser creativo y tarde o temprano produce un fruto kármico en tu ambiente general. Esto también es cierto en tu vida moral. En ese caso, no siempre es necesario que tus pensamientos se traduzcan en acciones antes de que puedan volverse karmicamente efectivos. Si tienen suficiente intensidad y si se prolongan por un período suficiente, finalmente traerán resultados correspondientes aún en las circunstancias externas. Esto puede ser aclarado mediante un ejemplo real. Si deseas persistentemente la muerte de una persona, pero incluso, si por miedo a las consecuencias careces del coraje para matar a la otra persona, entonces tus pensamientos asesinos algún día regresarán a ti en una forma equivalente. Entonces tú mismo puedes sufrir una muerte violenta, o ser víctima de un accidente fatal, o sufrir de una enfermedad que es tan corrosiva para tu cuerpo como el odio para tu carácter. Por lo tanto, aunque no eres efectivamente culpable de cometer un asesinato, eres sometido a un castigo físico por haber pensado en asesinato.

Por razones similares, los hábitos enfermos del pensamiento pueden manifestarse como condiciones de enfermedades de la carne. El médico puede ver correctamente la causa física inmediata de tal condición, pero puede no ver la causa principal que es mental, la cual puede ser ira excesiva, odio morboso, miedo abrumador, lujuria desmesurada, o despecho habitual. Por supuesto, no debemos llegar a la conclusión ilógica de que todos los que sufren una enfermedad han estado pensando de manera negativa en el pasado o en el presente. El cuerpo tiene sus propias leyes higiénicas que no pueden ser transgredidas con impunidad, aunque la mayoría de las transgresiones suelen ocurrir por ignorancia.

Todo esto es posible porque la base de la existencia es mentalista. El factor creativo en el proceso kármico es la mente misma. Por lo tanto, un cambio mental es necesario, si se quiere alterar de manera radical y favorable su acción contra nosotros.

* * *

¿Hay alguna familia rica y envidiada que no tenga un sufrimiento escondido? ¿Quién no conoce alguna familia que tenga dos o tres de ellos? Puede que lo hayas encontrado, así como tantos lo han hecho en estos días oscuros, pues la vida contiene misteriosas y potentes influencias kármicas, conteniendo el poder para romper las cosas en las cuales has puesto tu corazón; permitiendo que alcances el éxito, para después destruirlo ante tus ojos; que causan daño a la salud y tal vez a la vida de aquellos que son cercanos y queridos para ti. Tu corazón puede haber sangrado en silencio. Creamos nuestras propias cargas de sufrimiento latente, cuando nuestras acciones lastiman a otros y creamos amargas consecuencias finales cuando producimos pensamientos de odio. Las fuerzas de la lujuria, la codicia y la ira son ciegas y cuando descontroladas, desatadas y no guiadas llevan a la humanidad a tantos problemas y miserias kármicas.

* * *

El fuego se puede utilizar para asar alimentos o para quemar a alguien en la hoguera. El fuego en sí no es malo, pero el uso o abuso de él lo convierte en bueno o malo; y esto, a su vez, depende de qué impulsos están actuando en el corazón de una persona, qué tendencias ha traído esa persona de vidas pasadas. Por lo tanto, los poderes malignos son, después de todo, nuestros propios pensamientos malignos. El mundo será liberado del mal, tan pronto como las personas se liberen de su mente. La mente es el agente mediante el cual se efectúa la acción del karma. No hay necesidad de invocar a un ser sobrenatural extra-cósmico para explicar cómo se retribuyen los hechos.

* * *

La ley de la retribución no es la única que nos incita a tener el pensamiento, el sentimiento y la conducta correctos. En un plano más elevado, está el Yo Superior. Si no hubiera recompensas por la bondad y no hubiera castigo por la perversidad, ya sea aquí en la Tierra o en algún lugar dentro del mundo de la muerte, aún sería parte de nuestra felicidad suprema expresar la compasión, que es, por medio del Yo Superior, nuestro atributo más puro.

* * *

Tus propias acciones, a su vez, conducirán las acciones de otra persona.

* * *

Los instrumentos humanos son utilizados para causar sufrimiento a los demás y realmente los *hacen* sufrir debido a la crueldad humana. Ambas afirmaciones son correctas. Son complementarias, no contradictorias, como podríamos pensar. El destino busca, de manera natural, a una persona cruel que quiera hacer daño, o a una persona tonta que pueda ser conducida emocionalmente por un tiempo, o una impulsiva capaz de hacer algo en un momento de lo que se arrepentirá durante años. El destino no perderá el tiempo buscando personas ultra sabias y ultra buenas cuando quiera hacer daño.

* * *

Una vida que no está dirigida hacia esta meta superior, una mente que no tiene ningún interés en convertirse en participante de la conciencia del Yo Superior: estas fallas censuran silenciosamente a las personas, tanto durante su estadía en el cuerpo físico como en su existencia después de la muerte.

* * *

Los pecados de omisión son tan importantes karmicamente, como lo son los pecados por comisión. Lo que debimos haber hecho, pero no lo hicimos, también cuenta como algo que crea karma.

* * *

Incluso la inacción deliberada no escapa a la generación de una consecuencia kármica. ¡Contiene una decisión oculta de no actuar y, por lo tanto, es una forma de acción!

* * *

El intento de evadir el karma puede ser en sí mismo parte del karma.

* * *

El estudio de la retribución (karma) revela que las personas tienen que pagar no solo por lo que han hecho erróneamente, sino también por lo que no han hecho. Tal negligencia se debe en gran parte al hecho de que la perspectiva extremadamente personal de los individuos les hace estimar el carácter de los acontecimientos, principalmente por la forma en que afectan a su propia existencia y solo en segundo lugar, por la forma en que afectan a la familia humana más amplia a la que pertenecen. Todos somos trabajadores en una tarea común. Esta es la inevitable conclusión que se comparte tan pronto como se entiende la verdad de la humanidad como unidad orgánica.

* * *

En esta era de interdependencia existe un deber claro de *ayudar* activamente al lado correcto. La angustia del mundo se debe principalmente al karma. Pero necesitamos una interpretación más amplia de esta palabra. Muchos de nosotros podemos ser buenos e inocentes, pero tenemos que sufrir con todos los demás, no por lo que hemos hecho, sino por lo que hemos dejado de hacer. Hoy, el dolor no omite a nadie. Esto se debe a que la humanidad es completamente interdependiente. Esa es la lección que tenemos que aprender; que dejamos que otros permanezcan en aflicciones o ignorancias, a nuestro propio riesgo. Somos uno.

* * *

Las impresiones kármicas colectivas surgen dentro de la Mente-del-Mundo. Esto se debe a que nunca ha habido un tiempo en el que no existieran: aunque sus formas pueden cambiar, son tan eternas como la Mente-del-Mundo. De hecho, son parte de la naturaleza de la Mente del Mundo. Por lo tanto, constituyen un sistema de actuación propia. Debido a que no podemos establecer ninguna fecha para el comienzo de la Mente-del-Mundo, ni cualquier término para su propia vida, debemos, en consecuencia, abstenernos del intento ilógico de establecer un comienzo o un final para el universo. Además, la Mente del Mundo no ha *creado* el mundo, solo ha fornecido la base para su existencia, el receptáculo para sus potenciales fuerzas kármicas de acciones mutuas, la materia-prima para sus manifestaciones kármicas generales y el principio vital para sus actividades en constante movimiento, que se manifiestan por su propia voluntad. Pero no debemos caer en el error de que esta visión hace que el universo sea una mera máquina. Sendo la base, el receptáculo, las fuerzas y la materia mentales, el mundo también es una actividad mental y no solo un movimiento mecánico en la materia.

* * *

El misterioso trabajo del karma, esta fuerza que moldea las condiciones de cada centro de ser, desde la célula protoplásmica hasta el vasto cosmos, debe ser descubierto a continuación. Si el mundo no fuera más que una colección de objetos materiales, el karma nunca podría venir a manifestarse. Pero, así como lo muestra el mentalismo, una colección de formas-pensamiento, y porque hay una Mente-del-Mundo como una base unitaria conectando todas esas formaciones, existe la posibilidad del karma como una fuerza operativa. Porque el karma no tendría sentido si no hubiera algún tipo de continuidad ordenada entre el pasado, el presente y el futuro de todas aquellas cosas y criaturas que componen la existencia universal. Esto implica que la Naturaleza debe guardar y conservar algún tipo de memoria en sus recovecos secretos.

Si cada individuo preserva un registro de su propia historia, ¿por qué debería parecer fantástico que la Mente-del-Mundo preservara un registro de su propia historia? Y debido a que su existencia es inseparable del cosmos manifestado, al hacer esto, también preserva un registro integral de la propia historia del universo. Ningún pensamiento, ningún evento, ningún objeto, ninguna escena, y ninguna forma se ha perdido por completo. Esto implica que las memorias de los planetas, estrellas y nebulosas que están completamente remotas en el espacio y el tiempo todavía están preservadas. Pero la imaginación humana debe alejarse de las consecuencias ilimitadas de esta verdad, pues sus finitas limitaciones frustran la actividad de la Mente-del-Mundo. Y como la memoria no es un objeto que los sentidos puedan captar, sino algo totalmente inmaterial, esto a su vez implica la existencia de algo mental. Un principio mental que es cósmico con respecto al espacio y permanente con respecto al tiempo es y no puede ser otro que la Mente-del-Mundo. Por lo tanto, la base de todo trabajo kármico se remonta a la Mente-del-Mundo. El surgimiento, la permanencia y la disolución del karma es de hecho una función gemela de su ideación.

* * *

Una y la misma luz se refracta en un millón de fotografías, cada una diferente de todas las demás. La misma Mente-del-Mundo, que es una, se refracta en un millón de personas, cada una diferente de todas las demás. Y así como los objetos en el universo vienen a existir por el poder del karma, también lo hacen los individuos. La nueva criatura emerge en la existencia universal, de la misma manera que una nueva cosa, es decir, a través de la actualización de una serie de viejas impresiones kármicas, que son, a su vez, el resultado de una existencia anterior. El individuo y el mundo se alzan juntos en el mismo momento provenientes de un pasado que los acompaña. Sus karmas están asociados con los de la existencia universal y no se manifiestan por separado o subsecuentemente. El uno empieza a entrar en actividad sincronizadamente con el movimiento del otro. Cuando la energía de la Mente-del-Mundo se manifiesta, ella obtiene un carácter doble y tanto el universo como los individuos nacen al mismo tiempo. El universo no se manifiesta primero y después los individuos, sino ambos al mismo tiempo. Para decirlo de otra manera, a medida que las ondas de karma fluyen a través del lago de la Mente-del-Mundo, ellas se mueven a través del universo y del individuo en el mismo instante y, operativamente, de la misma manera.

* * *

El karma, al ser la memoria cinética de la Naturaleza, está necesariamente acoplado al poder imaginativo de la Naturaleza.

* * *

Así como un enorme roble una vez tuvo una existencia invisible e intangible en la bellota, o la suave fragancia de una flor blanca que alguna vez tuvo una existencia sin aroma en la pequeña semilla, así la Tierra y las estrellas y el Sol que vemos a nuestro alrededor hoy, una vez tuvieron una existencia inmaterial en la forma germinal que su propio karma había almacenado en la memoria de la Mente-del-Mundo. Cada cuerpo estrellado en el firmamento con sus características distintivas particulares y cada criatura que moraba sobre él con sus propios deseos, tendencias y capacidades fueron memorizados por las maravillosas facultades de la Mente-del-Mundo. A partir de esto, se verá que la memoria jugó un papel poderoso en la creación del mundo del cual somos conscientes.

* * *

Es a través de procesos kármicos de acción-mutua que este universo se hace posible. La Mente-del-Mundo produce imágenes generales del mundo, no mediante un decreto arbitrario, sino por la continuidad natural de esas imágenes como resultado de todos los que han existido anteriormente. Ellas son una continuación de todas las imágenes-mundo recordadas que han aparecido antes, pero que se han modificado y desarrollado por su propia interacción mutua y evolución, no por el caprichoso decreto de un Dios humanizado. La Mente-del-Mundo crea el universo pensándolo constructivamente. Pero no piensa de forma arbitraria. Los pensamientos surgen por su propia voluntad bajo una estricta ley kármica y evolutiva. Debe enfatizarse que, según esta perspectiva, el universo constituye un sistema de auto-actuación, aunque también debe entenderse que el sistema mismo depende de la Mente-del-Mundo para la continuidad de su existencia y actividad continuada. Todas las fuerzas kármicas y formas-pensamiento llevan sus actividades mutuas, se entrelazan, interactúan y evolucionan por su propia voluntad, en presencia de la luz solar. Pero es a esa misma presencia, a la que deben su propio sustento y existencia.

EL KARMA Y LA EVOLUCIÓN INTERIOR

Mientras cumple su propio propósito, el karma no puede evitar cumplir con otro propósito todavía más elevado; nos trae lo que es esencial para nuestro desarrollo.

* * *

Los eventos que nos suceden no son necesariamente kármicos, en el sentido de que les adquirimos. También pueden tener una fuente que no es kármica. Ninguna acción física de nuestra parte los trajo, pero es lo que necesitamos en ese momento para fortalecer el carácter o la capacidad, el desarrollo o la corrección. En ambos casos los eventos están predestinados. En ese sentido son la voluntad de Dios.

* * *

La libertad de la voluntad humana tiene sus límites. Al final, debe ajustarse a los propósitos evolutivos de la Idea-del-Mundo. Si, por un cierto tiempo, no lo hace voluntariamente, entonces estos propósitos invocan las fuerzas del sufrimiento y obligan a la entidad humana a ajustarse.

* * *

Hay momentos en que, para tu evolución interior, tu ego tiene que ser subyugado, y entonces, puedes encontrarte doblegado bajo eventos difíciles o reflexiones melancólicas.

* * *

Si tu necesidad evolutiva lo requiere, podrás ser atormentado por problemas para hacerte menos apegado al mundo, o por enfermedades, para hacerte menos apegado al cuerpo. Entonces, no se trata tanto de recibir el destino que merecemos, sino más bien de satisfacer aquella necesidad. Ambos coinciden por lo general, pero no siempre y no necesariamente. Esto tampoco sucede tanto con las personas comunes como con las personas que se encuentran en una búsqueda espiritual, porque ellos han pedido u orado por un desarrollo más rápido.

* * *

¿Son algunas faltas de conducta, debilidades de carácter, demasiado incorregibles? Date el tiempo suficiente, es decir, un número suficiente de vidas y estarás imposibilitado de resistir al cambio y a la reforma, es decir, no podrá resistirse a la Idea-del-Mundo. Dios es voluntad en el lenguaje religioso.

APRENDER HACIENDO

La vida no está tratando de hacer que las personas sean felices o infelices. Está tratando de hacerles entender. Su felicidad o infelicidad vienen como subproductos del éxito o fracaso en lograr esta comprensión.

* * *

Creo en el amor, no en el odio, como una fuerza motivadora para la reforma. Al mismo tiempo, veo el karma en acción, castigando a los egoístas y a los despiadados, y sé que ello inexorablemente hará su trabajo, sea lo que sea que cualquiera diga. Dios nunca comete un error y este universo es gobernado por leyes perfectas. Desafortunadamente, el sufrimiento es uno de sus principales instrumentos de evolución, especialmente, cuando las personas no logran aprender por la intuición, la razón, ni tampoco a través de los profetas espirituales.

* * *

Las personas que lastiman ingeniosamente a los demás, al final se lastiman a sí mismas. Porque niegan el principio del amor en sus relaciones, un principio que es parte de las leyes superiores establecidas para nuestro desarrollo, y deben ser castigadas por su negación.

* * *

El karma es en realidad neutral, aunque para el observador humano sus operaciones puedan parecer premiadoras o castigadoras.

* * *

No sobrellevamos ciertos problemas o experiencias decepcionantes durante la vida, sin una razón particular para cada uno. Si nos disponemos a conocer el motivo, podemos salir victoriosos de la experiencia y fortalecer nuestra personalidad, o podemos permitir que la experiencia nos venza y empeoremos nuestro carácter. A través de muchas y variadas experiencias, se nos da la oportunidad de desarrollar nuestras capacidades de pensamiento y juicio, voluntad e intuición. Las experiencias manejadas correctamente pueden llegar a ser medios eficaces para que pasemos de un punto de vista inferior a un punto de vista superior. Cada experiencia debe ser explotada para aprender de sus lecciones, ya sea dolorosa o placentera, así como un novelista podría sacarle provecho para material de una historia.

* * *

Cuando conocemos los resultados de nuestras acciones, tenemos la oportunidad de conocer el valor de aquellas ideas que nos llevaron a estas acciones. En otras palabras, la experiencia traerá responsabilidad, si lo permitimos, y eso traerá desarrollo.

* * *

El destino es diseñado de tal manera que, a veces, entrega a las personas lo que quieren, para que, eventualmente, a través de esta experiencia, aprendan a evaluarlo más justamente. Entonces, tienen la oportunidad de ver el lado adverso de la experiencia, que el deseo, muy a menudo, les impide ver. El destino también es diseñado para ir en sentido inverso y bloquear el cumplimiento de los deseos de otras personas. Por medio de esta inhibición, ellos pueden tener la oportunidad de aprender que no estamos aquí, únicamente, para una estrecha y egoísta satisfacción, sino también, y principalmente, para cumplir los propósitos mayores de la vida como los formados en la Idea-del-Mundo.

* * *

Los cultos que enseñan que el destino no importa o que este no existe son cultos que nunca pueden llevar a la verdadera felicidad, porque ilustran esa idea de ciegos guiando a ciegos, que hemos oído antes. El destino existe, y es sabio enfrentar y reconocer este hecho. El solo rechazo al reconocimiento de su existencia no lo limita. Está ahí y ninguna oración o ejercicio de concentración lo apartará, porque existe en beneficio de la humanidad –para nuestra educación ética e intelectual– y porque mientras vivamos en este mundo, no podemos tener el uno sin el otro.

* * *

Al hacer un balance de su buena o mala fortuna, las personas, por lo general, se olvidan de incluir los valores éticos que adquirieron de cada experiencia. Pero cuando hayamos alcanzado cierta comprensión de tales asuntos, traeremos a la luz, involuntariamente, la verdad de la responsabilidad personal, no solamente como un dogma intelectual, sino como una convicción sincera.

* * *

La ley de la retribución no se anula, ni tampoco es probada como falsa, ante la evidencia de los objetores que dicen haber individuos despiadados y sin compasión, que por ser influyentes y ricos arruinan las vidas de otras personas. La felicidad o el bienestar de esas personas no pueden ser debidamente juzgados solo por sus cuentas bancarias o por su posición social. Hay que ver también la condición de su salud física, de su salud mental, de su conciencia dentro del estado de sueño, así como sus relaciones comunes y familiares. Observar, también, su próxima reencarnación. Entonces, y solo entonces, se puede juzgar correctamente la presencia o ausencia de esa ley.

* * *

No crecemos fácilmente desde lo peor hasta lo mejor, o desde lo mejor hasta lo superior. Luchamos por nuestras imperfecciones, a costa de esfuerzo, sacrificio y dificultades. El mal de esto no es solo aparente, ni tampoco está, en esencia, en conflicto con el amor divino. Cualquier cosa que al final nos ayude hacia la realización de nuestra naturaleza divina, aunque sea doloroso, es bueno y lo que obstaculiza, aunque sea agradable, es malo. Si un sufrimiento personal tiende hacia este resultado, esto es realmente bueno y si una felicidad personal lo retrasa, entonces es realmente malo. Es porque no creemos en esto, que nos quejamos de la presencia del sufrimiento y de la tristeza en el plan divino y por la ausencia de misericordia en la voluntad divina. No sabemos dónde reside nuestro verdadero bien, y siguiendo ciegamente al ego, al deseo, a la emoción o a la pasión, lo desplazamos por un bien imaginario y engañoso. En consecuencia, perdemos la fe en la sabiduría de Dios, en el mismo momento en que ella se está manifestando, y nos volvemos más amargados por la indiferencia de Dios, justamente cuando la consideración de Dios está siendo más mostrada. Hasta que no reunamos suficiente coraje para abandonar nuestra habitual actitud egoísta e irreflexiva con las ideas erróneas acerca del bien y del mal, la felicidad y la miseria que fluye de ella, continuaremos prolongando y multiplicando nuestros problemas innecesariamente.

* * *

Imagínese lo que le pasaría a una mano que por accidente se pone al fuego, si no hubiera un sistema nervioso que proporcionara al dueño de la mano una señal de advertencia de dolor. La mano se dañaría totalmente y la persona no podría volver a usarla más. En este caso, el dolor de la quemadura, por severo que sea, actuaría, de hecho, como un amigo disfrazado, si persuadiera a la persona a retirar la mano del fuego. En la medida en que el sufrimiento protege la vida física, posee un lugar justificable en el esquema universal de las cosas. Entonces, ¿qué pasa con la protección de la vida moral? El dolor ocupa un lugar en la etapa evolutiva actual de nuestra existencia ética, que es raramente menor y muchas veces más útil del lugar que ocupa el placer. Pero nuestro egoísmo nos deja ciegos ante este hecho. Si no hace más que despertarnos del letargo del entendimiento, en el que la mayoría de nosotros caemos habitualmente, el dolor habrá hecho algo que valga la pena. Platón incluso señaló que es una desGracia para un hombre que ha merecido un castigo escapar de él. Después de todo, el castigo puede despertarlo para que reconozca que ha hecho mal y así purificar su carácter. Nuevamente, es a través del sufrimiento que se puede poner fin a la crueldad, el orgullo y la lujuria de un hombre, porque son acciones difíciles de corregir con meras palabras. El dolor que se inflige a un "yo" engrandecido, por ejemplo, mediante el trabajo kármico compensatorio, no es realmente una punición más grande que el dolor causado por un cirujano que abre un absceso con un bisturí.

* * *

Cuando su vida no se desarrolla a lo largo de la línea que ha planeado, su mente se tornará confusa y la duda lo invadirá en sí mismo. Es entonces cuando el hombre ambicioso es tomado de la mano por su yo superior, para aprender a través de la frustración y la decepción liberada por el nuevo ciclo de mal karma, aquellas lecciones que no podría recibir a través del éxito y el triunfo.

* * *

La conexión subconsciente entre errores cometidos y sus consecuentes sufrimientos nos lleva a sentir más incertidumbre e incomodidad, cuanto más nos involucramos en tales actos.

* * *

Un egoísmo insensible es una inversión mal pagada. Porque significa que, en tiempo de necesidad, no habrá nadie para ayudarlo; en la hora de la angustia, nadie para consolar. Lo que damos es lo que recibimos.

* * *

El egoísta brutal que despiadadamente derriba a los demás en su camino hacia arriba recibirá un duro tratamiento cuando el tiempo sea decretado.

* * *

El ciervo que yace mortalmente herido por el disparo de un cazador no es capaz de preguntarle a la Vida por qué debe sufrir así, pero el hombre que yace mortalmente herido por el disparo de un asesino es capaz de hacerlo.

* * *

La rueda de la vida sigue girando y girando a través de diversos tipos de experiencias y estamos desventuradamente atados a ella. Pero cuando por fin entendemos lo que está sucediendo y tener poder sobre ello, somos liberados.

* * *

El hierro del carácter humano se convierte en acero templado en un horno candente de problemas.

LIBERTAD Y DESTINO

No se debe suponer que somos tan indefensos como parece. Gran parte de nuestro destino fue hecho por nosotros mismos en el pasado. Nosotros lo construimos, por lo tanto, podemos ayudar a cambiarlo. El destino nos controla, pero nuestro libre albedrío tiene cierto control sobre él. Sin embargo, esto será cierto solo en la medida en que aprendamos las lecciones de la experiencia y ejerzamos creativamente ese libre albedrío.

* * *

No podemos aceptar ni la actitud Occidental arrogante, que se cree dueña de la vida, ni la actitud Oriental desesperada, que se cree víctima de ella. La primera actitud sobrevalora la creatividad humana y la segunda, la subestima. La primera cree que puede desterrar todos los males humanos y la otra los considera irremediables.

* * *

Cuando la creencia en el destino nos hace paralizar toda la energía y abrumar todo coraje, debe ser reexaminada. Cuando la creencia en el libre albedrío conduce a las personas a la arrogancia egoísta y a la ignorancia materialista, entonces ella también debe ser reexaminada.

* * *

Los antiguos argumentos sobre el destino y el libre albedrío son, al final, bastante inútiles. Es posible demostrar que tenemos plena libertad para mejorarnos a nosotros mismos y a nuestro entorno, pero también es posible demostrar que estamos indefensos. Esto es así porque ambos lados del asunto están presentes y deben estar incluidos en cualquier evaluación de la situación humana. La Idea-del-Mundo hace que ciertos eventos y circunstancias sean inevitables.

* * *

Si analizamos el significado de las palabras, en vez de usarlas descuidadamente, encontraremos que, en este caso, el término "libre albedrío" a menudo representa la idea opuesta a la que se supone que representa. ¿Dónde está la verdadera libertad de las personas que son esclavas de sus apetitos y prisioneras de sus pasiones? Cuando expresan lo que creen que es su propia voluntad, ellas están expresando en realidad la voluntad de esos apetitos y pasiones. Mientras los deseos, las pasiones, los ambientes, la herencia y las sugerencias externas sean las verdaderas fuentes de nuestras acciones, ¿dónde está nuestro real libre albedrío? Sin la libertad de deseos, no hay libertad de voluntad. A menos que encuentres tu verdadero yo, no puedes encontrar tu verdadera voluntad. El problema del destino versus el libre albedrío debe entenderse antes de que pueda ser resuelto. Y no podemos lograr este entendimiento mientras mantengamos nuestro enfoque superficial habitual, en lugar de realizar el enfoque semántico mucho más raro. Nuestra voluntad es libre, pero solo de manera relativa.

* * *

No existe libertad completa, pero, por otro lado, no existe una necesidad completa. Hay un libre albedrío restringido, una libertad dentro de límites. La filosofía define –como las bases de esta libertad en la humanidad– tanto la inteligencia que se encuentra en nosotros, como también, el Espíritu Divino del cual deriva esa inteligencia.

* * *

La doctrina materialista del "determinismo" es una mezcla de verdad y falsedad. Ella apunta correctamente al hecho de que nuestras vidas externas están determinadas por nuestras circunstancias y acontecimientos externos. Nos priva erróneamente de la libertad de reaccionar de la manera que escojamos, ante esas circunstancias y acontecimientos. Es bastante falso en lo que se *refiere a la elección moral.*

* * *

Podríamos preguntarnos si existe algún punto a lo largo de todo nuestro camino en el que realmente tengamos una opción, una oportunidad entre dos caminos, para hacer lo que realmente queremos hacer. Nuestra libertad consiste en esto, que somos libres de elegir entre un acto y otro, pero no entre las consecuencias que surgen de esos actos. Podemos reclamar nuestra libertad interior, sea cual sea nuestro futuro exterior. Podemos fijar nuestros propios objetivos de vida, elegir nuestras propias creencias, formar nuestras propias ideas, albergar deseos y expresar aversiones, como deseamos. Aquí, en esta esfera de pensamiento y sentimiento, de acción y reacción, el libre albedrío es en gran parte nuestro.

* * *

La elección entre lo correcto y incorrecto solo puede existir donde haya libertad de voluntad para hacerlo. Los seres humanos no son responsables ni libres, declara el determinismo materialista. Si alguien es o se convierte en un criminal, el entorno es el culpable, la herencia es la culpable, la sociedad es la culpable, pero no el individuo. El determinismo espiritual, el karma (retribución), no nos da tan amplia autorización para cometer un crimen. Afirma que cada uno de nosotros fue y es en parte el autor de nuestro propio carácter, y en consecuencia, de nuestro propio destino.

* * *

Cuando defendemos la existencia del libre albedrío, defendemos implícitamente la existencia del destino. Al investigar cómo surge en la mente el pensamiento acerca de la libertad, revela que ella siempre viene acompañada del pensamiento del destino. Si se niega uno, entonces el otro también se niega.

* * *

En cada vida, hay una cierta porción del destino que es el resultado del karma pasado, pero también hay una porción de libre albedrío, si este se ejerce. No todo lo que sucede en nuestra vida es kármico, ya que puede ser creado por nuestras acciones actuales.

* * *

Quienquiera que imagine que todas sus acciones son enteramente el resultado de su propia elección personal, quien sufre la ilusión de poseer completo libre albedrío, está cegado y enamorado de su ego. No ve que en determinados momentos le resultó imposible actuar de otra manera porque no había otra alternativa. Y tal imposibilidad surgió porque hay una ley que ordena las circunstancias o introduce un impulso, según un patrón inteligible. El karma, la evolución y la tendencia de pensamiento del individuo son las principales características de este patrón.

* * *

¿Qué rumbo diferente habría tomado nuestra vida si no hubiéramos conocido por casualidad a cierta persona –un encuentro que produjo consecuencias muy significativas– ofreciendo material para atractivas especulaciones? Se nos dice que, a veces, el destino está atado por un hilo, pero siempre se sostiene a un nudo tan enredado de circunstancias dependientes, que el juego de especular cómo las cosas podrían haber sido diferentes si una sola parte hubiese cambiado, es inútil, aunque fascinante.

* * *

El destino entero de una persona puede depender de un acontecimiento, de una decisión, de una circunstancia. Esa única causa puede ser significativa para todos los años posteriores.

* * *

La voluntad del Karma no podría prevalecer en una parte especial de nuestra vida y no en ninguna otra parte, ni tampoco en un evento especial de nuestra vida y no en otras de nuestra vida. No podría estar aquí, pero no allí, en el pasado, pero no ahora. Tampoco, yendo aún más lejos, no podría limitarse solo a las cosas más importantes y dejar atrás a las menores. Debe estar siempre presente o nunca estar presente. Si el karma coloca más destino en los acontecimientos que experimentamos de lo que es confortable para el Occidental, debemos recordar esa otra faceta de la verdad, la inteligencia creativa y divina existente en lo más profundo de nuestra humanidad y la medida de libertad que la acompaña.

* * *

La ley de la retribución no tiene jurisdicción sobre el eterno e indivisible Yo Superior, que es el ser real, solo sobre el cuerpo y la mente, el ego transitorio.

* * *

Aquellos que se oponen a la doctrina del destino auto-determinado, que proponen una absoluta libertad de voluntad, tienen que demostrar cómo el libre albedrío puede cambiar los resultados de un asesinato. ¿Puede devolverle la vida al cadáver o salvar al criminal de la muerte? ¿Puede eliminar la infelicidad de la esposa del hombre asesinado? ¿Puede, incluso, eliminar el sentimiento de culpa de la conciencia del asesino? No: estos resultados inevitablemente fluyen a partir del acto.

* * *

El énfasis exagerado en tales creencias como la astrología puede hacerte depreciar o aún olvidar por completo tus posibilidades creativas. Ambos son oscilaciones extremas del péndulo. La astrología se basa en el karma, en las tendencias y en acciones. La libertad de decisión se fundamenta en la necesidad evolutiva de dejar que cada persona exprese la creatividad que obtiene del Yo Superior. Debes unir ambos factores para encontrar la verdad.

* * *

La libertad existe en tu corazón, es decir, en tu Yo Superior. El destino existe en tu vida-superficial, es decir, en tu personalidad. Y como cada ser humano está compuesto de estos dos seres, ni el fatalista absoluto ni el libre albedrío absoluto son totalmente correctos y la vida externa también debe componerse de libertad y destino... Ninguna acción es enteramente libre ni enteramente predestinada; es una mezcla de estas dos cosas.

* * *

La herencia, la educación, la experiencia, el karma (tanto colectivo como personal), el libre albedrío y el ambiente conspiran conjuntamente para modelar tanto la forma externa como la textura interior de la vida que tenemos que vivir. Cosemos el tapiz de nuestro propio destino, pero el hilo que usamos es de cierta especie, color y calidad impuestos a nosotros por nuestros pensamientos y actos pasados. En resumen, nuestra existencia tiene un carácter semi-independiente y otro semi-predestinado.

* * *

El karma nos trae los resultados de nuestros propios actos, pero estos están insertados en la Idea-del-Mundo, que es la ley suprema y da forma al curso de las cosas.

* * *

La libertad personal de cada individuo se extiende hasta cierto punto y luego se encuentra anillada por el destino. Fuera de este límite, la persona es tan indefensa como un bebé y no puede hacer nada.

* * *

El trágico drama griego muestra cómo una serie de eventos pueden volverse contra una persona por cuenta de un poder superior: el destino. Muestra lo poco que puede hacer la voluntad humana para evitar la catástrofe o el desastre, cuando la voluntad universal se establece en una dirección opuesta.

* * *

Solo cuando los planos personales obtienen la aprobación del destino, uno será capaz de alcanzar sus objetivos.

* * *

Lo que un poder superior ha decretado debe suceder. Pero lo que has hecho por ti mismo puedes modificarlo o deshacerlo. El primero es el destino impersonal y el segundo es el destino personal. El primero tiene origen fuera de tu ego personal, el segundo, deriva de tus propias fallas. La voluntad evolutiva de tu alma es parte de la naturaleza de las cosas, pero las consecuencias de tus propias acciones permanecen, aunque de manera restringida, bajo tu propio control.

* * *

Si fuera verdad que cada acto que hiciste y cada acontecimiento que te sucedió estuviera predestinado en cada punto, la destrucción de tu responsabilidad moral que se deriva de esto sería tan desastrosa para la sociedad como para ti mismo.

* * *

La red del karma se estrecha a tu alrededor a medida que las vidas aumentan en número con el paso de los siglos o se aflojará a medida que el ego se vuelva más desapegado.

* * *

De alguna manera un tanto misteriosa, el decreto predestinado se combina con la libre elección, y aparece el resultado final.

* * *

El libre albedrío *versus* Destino es una antigua e inútil controversia, que es puramente artificial y, por lo tanto, no tiene solución, como se presenta normalmente. No son antagónicos, sino complementarios. No están en oposición. Los sabios combinan ambos. A falta de conocimiento de los factores del karma y la evolución, toda discusión de tal tema es irreal, superficial e ilusoria. Como seres espirituales tenemos libre albedrío; como seres humanos, no. Esta es la clave de todo el asunto.

* * *

Puedes intentar desafiar tu destino, pero a menos que hayas emancipado tu espíritu, este te atrapará. Lo que está destinado a suceder, paradójicamente sucede por medio del ejercicio de nuestro libre albedrío.

LIBERTAD Y EL MEDIO AMBIENTE

Cada uno de nosotros vive en un determinado momento de la historia y ocupa un lugar determinado (o determinados lugares) durante ese período. ¿Por qué aquí y ahora? Vea la ley de las consecuencias para encontrar una respuesta, la ley que conecta una vida terrenal con las anteriores.

* * *

Es bastante falso decir que somos creados por nuestro medio ambiente. Es cierto decir que nuestro medio ambiente nos condiciona, ayuda o retarda, pero es solo una verdad a medias. Llevamos dentro de nosotros una conciencia que, en varios puntos y con diferentes características, es independiente y a veces bastante opuesta a todas las influencias ambientales. Porque, desde el primer día en la tierra, poseemos en estado latente ciertos gustos y aversiones, aptitudes según una determinada línea de pensamiento y acción más que según otras, cuya suma, a medida que se revelan y luego se desarrollan, constituyen nuestra personalidad. Por supuesto, un proceso así necesariamente lleva tiempo. La herencia biológica contribuye a algo bastante definido hacia este resultado, pero las encarnaciones anteriores contribuyen mucho más.

* * *

El ambiente ayuda a resaltar las cualidades innatas de una persona o a impedir su manifestación, pero no crea tales cualidades. Si lo hicieran, se podrían crear genios por encargo en cada escuela y lugares de estudio.

* * *

El ambiente negativo no crea el mal carácter. Lo hace emerger y estimula su desarrollo. Las debilidades ya estaban presentes en la persona de forma latente.

* * *

Si bien es cierto que las personas fuertes o prudentes gobiernan sus estrellas y conquistan sus circunstancias, es igualmente cierto y frecuentemente pasado por alto, que la fuerza y la prudencia para hacerlo, provienen de dentro, nacen en tales personas mucho más de que las adquieren.

* * *

Las personas comunes no son tan heroicas o angelicales y pronto descubren que su alma no puede elevarse sobre las circunstancias y que sus nervios son indiscutiblemente afectados por sus ambientes.

* * *

Tú puedes estar predestinado a vivir en ciertos ambientes, pero la manera en que permites que estos te afecten no está predestinada.

* * *

Las personas que uno conoce, las situaciones que uno enfrenta, y los lugares que uno visita pueden ser extremadamente importantes, pero esos son, al final, menos importantes de lo que uno piensa acerca de ellos.

* * *

Cada persona que entra en nuestra vida por un tiempo, o se involucra en ella en algún momento, es un canal involuntario que nos trae bien o mal, sabiduría o insensatez, fortuna o calamidad.

Esto sucede porque estaba ordenado previamente que sucediera bajo la ley de la retribución. Pero el grado en que las personas afectan nuestros asuntos externos está determinado, en parte, por el grado en que les permitimos hacerlo, por la aceptación o el rechazo de sugerencias hechas por su conducta, discurso o presencia. Somos nosotros los que finalmente somos responsables.

* * *

Si una persona logra salir de la miseria, de la incomodidad y de la ignorancia de los barrios marginales, hacia la limpieza, la cultura y la vida refinada, podemos leer en ello la acción favorable del karma y el renacimiento, o el poder que tiene esa persona para conquistar el entorno donde vive. Pero otros que no lo hacen, pueden leer en ello la creencia de que la suerte está en su contra, o, a su vez, su falta de capacidad para superar el ambiente. Por lo tanto, vemos que algunos recogen un mensaje de esperanza al leer las biografías de esas personas, mientras que otros solo recogen frustración, si no desesperación. En ambos puntos de vista puede haber un elemento de verdad, pero cuánto diferirá de una persona a otra.

* * *

El hombre o la mujer que nació en cuna de oro puede tener grandes talentos, pero nunca usarlos. Sus talentos pueden morir con ellos, porque ellos nunca sintieron el estímulo de la necesidad. Los medios insuficientes o moderados pueden ser de incentivo. Mientras mayor sea la pobreza, mayor será el incentivo. Esto suena como una enseñanza difícil, pero para algunas personas es una verdad.

* * *

Ya sea que nazcas en una extrema miseria o en una grandeza palaciega, al final llegarás a tu propio nivel *espiritual*. El ambiente es ciertamente poderoso para ayudar u obstaculizar, pero los precedentes del Espíritu son aún más poderosos y finalmente, *independientes de ello*.

KARMA GRUPAL

El karma no es aplicable únicamente al individuo, sino también a grupos, tales como comunidades, pueblos, países e incluso continentes. Uno no puede alejarse en ningún caso del resto de la humanidad. Todos están interconectados. Los individuos pueden engañarse a sí mismos, como casi todos lo hacen, al pensar que pueden vivir su propia vida y abandonar a los demás, pero tarde o temprano, la experiencia les revela su error. Todos somos, en última instancia, *una* gran familia. Esto es lo que enseña la reflexión sobre la experiencia. Cuando reflexionemos sobre la Verdad, eventualmente aprenderemos que, como el Yo Superior, todos somos uno: como los brazos y las piernas de un solo cuerpo. El resultado de esto es que cada uno de nosotros tiene que considerar el bienestar de los demás de la misma manera que el propio, no solo porque el karma está en acción para enseñar al individuo, sino también porque está en acción para enseñar a la humanidad *en masa* la lección final y más elevada de su unidad. Cuando se aplica esta idea a la reciente guerra (II Guerra Mundial), uno ve que esta guerra fue en parte (solo en parte) el resultado de la indiferencia de los pueblos más ricos hacia los más pobres, de las naciones bien gobernadas hacia las mal gobernadas, del sentimiento aislacionista de que el país de uno está bien, y si los demás no lo están, entonces eso es desafortunado, pero asunto de ellos. En resumen, no hay verdadera prosperidad y felicidad para ningún país, mientras que uno de sus vecinos sea pobre y miserable; cada uno es el guardián de su hermano.

* * *

La acción de la retribución (una parte del karma) también afecta a quienes están estrechamente asociados con la persona cuyos actos o pensamientos la originaron.

El karma no es y nunca podrá ser una cuestión meramente individual. La sociedad en su conjunto crea los barrios marginales que crean al criminal. Si la sociedad le pide cuentas por sus crímenes, a su vez, él también puede pedir cuentas a la sociedad por haber hecho posible que su carácter sea criminal. Consecuentemente, la sociedad también debe compartir con él, aunque en menor grado, la responsabilidad kármica de sus actos negativos.

* * *

Cuando todo un pueblo avanza por el camino del mal, entonces ellos invitan al sufrimiento para su purificación e iluminación. Mientras el egoísmo gobierne la sociedad, la sociedad seguirá sufriendo. Mientras las naciones sean indiferentes a las aflicciones de otras naciones, tarde o temprano compartirán las mismas aflicciones. Un pueblo rico no puede escapar de la responsabilidad parcial por negarse a ayudar a los pueblos más pobres, ni una nación poderosa por su tolerancia a la persecución de otras, ni una raza agresiva, por su dominación forzada sobre razas más débiles. Las guerras mundiales han ilustrado abundantemente estas verdades.

* * *

Si queremos entender lo que ha estado sucediendo en el mundo, primero debemos entender que el karma continental y nacional son causas ocultas de sus angustias.

Una nación surge de la suma de todos los individuos que la componen. Eres uno de esos individuos, cuyo pensamiento y conducta ayudará a formar el karma de su nación. El tema del destino colectivo es muy complicado, porque está compuesto por muchos más elementos que el destino individual. El individuo que nace en una nación en particular tiene que compartir el destino general de esa nación, así como su propio karma individual. Sin embargo, si se retiran de esa nación por su propia elección y migran a otro país, compartirán entonces un nuevo destino colectivo que seguramente modificará el suyo y le dejará su marca, ya sea mejorándolo y dándoles más oportunidad o causándole un deterioro.

Hay un karma nacional colectivo que crece gradualmente y luego se materializa. Cuando un grupo de personas vive y trabaja junto, ya sea en un país o en una ciudad, poco a poco ellas forman para sí mismas un destino nacional o municipal que tienen que portar. A veces, el resultado es bueno, otras es malo, pero generalmente, es una mezcla de ambos. Por lo tanto, encontramos en la historia tales cosas como un destino nacional y un destino racial.

* * *

Ninguna nación puede escapar de la responsabilidad colectiva por la aceptación de sus códigos y políticas, sus ideas y acciones, sus normas y lealtades.

* * *

La persona que acepta doctrinas, que obedece órdenes, sigue ciegamente, trasfiere la responsabilidad a la organización de la que es miembro. Pero su intento fracasa. El karma no es solo colectivo, sino personal. La persona como individuo no puede escapar.

* * *

Tú has tomado una decisión inconscientemente. Está ahí, implícita, dentro de tu obediencia y fe en el credo o el partido que sigues. Todavía eres responsable y sigues generando karma personal.

* * *

Si se debe elogiar a Alejandro por difundir la civilización griega, hacia el oriente hasta la India, mediante el simple proceso de invadir otros países, entonces se debe elogiar a los generales Flaminio, Sulla, y Mummius por difundir la civilización romana, por el simple proceso de invadir Grecia. Hay una conexión kármica entre los dos.

* * *

Grandes catástrofes, como terremotos e inundaciones, arrastran a cientos de personas a la muerte, pero algunas personas aquí y allá escapan, porque su destino es diferente. Tales huidas a menudo ocurren milagrosamente; ellas son llamadas, de repente, a otro lugar o protegidas por una ocurrencia aparentemente accidental. Así, el destino individual, cuando difiere del destino colectivo o nacional, puede salvar la vida de una persona, mientras que otras resultan afectadas.

* * *

La historia nos muestra vívidamente que en ciertos períodos psicológicos surgen personas no usuales para inspirar o instruir a la época. Ellos son hombres y mujeres del destino.

* * *

Si estudias la historia y la analizas por ti mismo, en lugar de aceptar las teorías librescas de los historiadores ciegos, descubrirás que el surgimiento de grandes conflictos entre los pueblos humanos –ya sean espirituales o sociales, militares o intelectuales– siempre ha estado en sincronía con el nacimiento y la actividad de grandes personalidades.

* * *

Es absurdo decir que un solo individuo hace una época histórica. Él o ella es la reacción encarnada llamada a desempeñar su papel por el destino de su época y por los pensamientos de aquellos entre quienes fue lanzado o lanzada.

* * *

El destino les da una fe ilimitada en su propio futuro; forma su carácter y moldea su capacidad para permitirles llevar a cabo una tarea histórica en la evolución humana.

KARMA Y PRESCIENCIA

Dado un cierto conjunto de características en una persona, a menudo es posible para el psicólogo predecir con anterioridad cómo esa persona actuará probablemente en una situación determinada.

* * *

Muchos eventos en la vida de una persona o de una nación son previsibles, pero solo si las existentes tendencias de pensamiento y los existentes cursos de la acción son continuados.

* * *

Algunos acontecimientos en el futuro son inevitables, ya sea porque se derivan de las acciones de personas que no consiguen rectificar su carácter o mejorar sus capacidades o profundizar el conocimiento, sea porque siguen el patrón básico de la Idea-del-Mundo y de las leyes que ella establece para gobernar la vida física.

* * *

Lo que nos sucederá a cada uno de nosotros en el futuro no es totalmente inevitable y fijo, a pesar de que es la secuencia lógica de nuestro pasado conocido y desconocido. El futuro todavía no está establecido ni cristalizado, por lo que se puede cambiar hasta cierto punto. Ese grado puede medirse, en parte, por el alcance de nuestro conocimiento previo de lo que es probable que suceda y los pasos que tomemos para evitarlo. Sin embargo, la capacidad de evadir estos eventos no es completa, ya que siempre está sujeta a ser anulada por la voluntad del Yo Superior.

* * *

Yo creo en presagios. Esta es una débil pequeña superstición que me permito a mí mismo: que el inicio de un acontecimiento trae un significado bastante auspicioso para mí.

* * *

Se debe dar una advertencia sobre las predicciones astrológicas. Las lecturas deben tomarse con la mayor reserva. Todo astrólogo comete errores –y frecuentemente tremendos errores– porque el conocimiento total de esta ciencia se perdió en la era moderna y solo hay un conocimiento parcial hoy en día.

* * *

Existe el peligro de que las predicciones negativas también puedan actuar como sugestiones e, influenciando en las causas mentales o emocionales, produzcan efectos físicos que cumplan las predicciones.

* * *

El horóscopo indica el futuro solamente para las personas comunes y nunca puede tornarse una certeza fija para los que están despiertos espiritualmente. Porque dondequiera que un individuo haya estado bajo la Gracia Divina, de manera directa o indirecta, a través de un maestro, puede volverse independiente del karma personal pasado, en cualquier momento que la voluntad Divina lo determine. La voluntad es libre porque el Hombre es Divino y el Ser Divino es libre.

* * *

Es más importante afrontar el futuro equipado de principios correctos y carácter fortalecido, que hacerlo con predicciones sobre sus detalles. Si nosotros establecemos buenas actitudes hacia él, no podremos obtener malos resultados.

* * *

Por mucho que nos entrometamos en el futuro, no nos acercaremos ni un poco a la paz real, mientras que si buscamos fielmente al Yo Superior y permanecemos en Él, gradualmente nos traerá luz y vida eterna.

* * *

Cuando la astrología utiliza las estrellas y los planetas para explicar los acontecimientos que nos suceden, como indicadores de lo bueno y lo malo; la sabiduría y la ignorancia *dentro de nosotros*, como las principales causas de lo que nos sucede, sirven a un propósito. No obstante, si la astrología *los* utiliza como las causas reales, entonces no nos sirve.

* * *

Podemos dejar libremente el futuro a nuestras estrellas, si sabemos que podemos ser verdaderos con nosotros mismos.

LA SINCRONIZACIÓN, LOS CICLOS Y LA INTENSIDAD DEL KARMA

Cada período de una vida tiene su propia evaluación, y las opiniones difieren sobre ellas. Algunos dicen que los primeros años son los mejores, otros, que los años intermedios, y así sucesivamente. Pero la verdad es que depende del karma de una persona más que de su edad, en cuanto a cuál será mejor para ella y de lo cual extraerá la mayor satisfacción.

* * *

Uno de los mayores malentendidos del karma por parte de sus creyentes, y tal vez, uno de los principales obstáculos para que los otros lo acepten, es la idea de que produce sus efectos solo después de largos períodos de tiempo. Lo que hagan hoy volverá a ustedes en una futura encarnación varios siglos después; lo que experimentas hoy en día es el resultado de lo que hiciste hace cientos o incluso miles de años; lo que cosechas aquí en este siglo XX es el fruto de lo que sembraste allí en Roma en el siglo II: tales son las nociones comunes sobre la reencarnación y el karma. Pero solo tenemos que abrir los ojos y mirar a nuestro alrededor para ver que en todas partes las personas están recibiendo ahora los resultados de lo que han hecho en esta misma encarnación.

* * *

A cada momento estamos dando forma a la historia del próximo momento, a cada mes estamos diseñando la forma del mes que seguirá. Ningún día permanece aislado y solo. El karma es un proceso continuo y no funciona por aplazamiento. ¡Ciertamente, es incorrecto considerarlo como una especie de juez *postmortem*! Pero frecuentemente no es posible resolver estas consecuencias en términos de las circunstancias particulares de este nacimiento. En algunos casos –y solo en ellos– experimentamos las consecuencias en los nacimientos posteriores.

* * *

La acción del karma de vidas anteriores está más en evidencia al nacer y durante la infancia, la niñez y la adolescencia. La acción del karma hecho en la vida actual se evidencia en mayor medida, después de que se ha alcanzado la madurez de la edad adulta.

* * *

Es un hecho que en la vida de muchas personas algunos de los problemas que enfrentan no tienen origen en el karma de vidas anteriores, sino que pertenecen únicamente a causas iniciadas en la vida actual.

* * *

Es absurdo interpretar el karma (retribución), como habitualmente se hace, como algo que es operativo solo en las reencarnaciones pasadas. En realidad, es principalmente operativo durante la misma vida de una persona o nación.

* * *

Hay momentos en que el karma de una acción regresa con la velocidad y precisión de un bumerang.

* * *

Es un error considerar el karma de una acción como algo que aparece más tarde en el tiempo, o que vuelve a quien lo generó, poco o mucho tiempo después. No es una secuencia a seguir después de lo que ha hecho antes. Por el contrario, el karma es simultáneo con la acción misma.

* * *

Desde este punto de vista más amplio, la mejor recompensa kármica para las acciones correctas es la elevación del carácter que los sigue, al igual que el peor castigo kármico para las acciones incorrectas es la degradación del carácter que aumenta por ellos. El mentalismo hace que todo pensamiento sea importante al final y lo es también aquí. Porque el karma tiene un carácter doble. Cada acción crea tanto su reacción física como la tendencia psicológica a repetir dicha acción.

* * *

Podemos desafiar la ley kármica por muchos años en asuntos de la salud del cuerpo y no tener que pagar por ello hasta la mediana edad o la vejez. Podemos desafiarla en asuntos de la conducta hacia otros y no tener que pagar hasta un nacimiento posterior. Pero al final la ley siempre se hace cumplir, está siempre registrada en la carta del horóscopo, queda impresa en la forma misma del cuerpo y en la naturaleza de la personalidad.

* * *

Los planetas no controlan tu destino individual, pero sus movimientos determinan los tiempos en que el karma latente que has adquirido se activará y se pondrá activo. Por lo tanto, el cielo es como un gigantesco reloj, cuyos punteros señalan las fatídicas horas de la vida humana, pero no es un depósito de fuerzas que influencian o dominan esa vida.

* * *

Escuchamos en todas las religiones, ya sean Orientales u Occidentales, acerca de los sufrimientos vividos por las malas personas en el estado posterior a la muerte. Se supone que viven por un tiempo en un mundo inferior, en un purgatorio. La verdad es que este es un símbolo primitivo de la doctrina superior que los seres malvados sufren después de su muerte, pero solo cuando renacen en la tierra de nuevo.

* * *

El destino se mueve en ritmos de ganancia y pérdida, en ciclos de acumulación y privación. La fuerza que atrae hacia nosotros los amigos amorosos y a los enemigos que nos odian es la misma.

* * *

El karma espera por el momento adecuado antes de pedir cuentas; el hecho de que sus asentamientos sean periódicos y estén agrupados explica por qué la buena y la mala fortuna a menudo ocurren en ciclos aparentes.

* * *

Es bastante lógico que se enseñe que se logre algún tipo de equilibrio entre los dos tipos de karma de una persona, de modo que lo malo puede mitigarse o incluso ser superado, pero, de igual manera, lo bueno puede reducirse o incluso compensarse completamente.

* * *

Nuestra vida interior se realiza según ritmos que están sujetos a leyes, tanto como las mareas y los amaneceres están bajo leyes. Hay tantas posibilidades aún latentes para el bien y el mal en la mayoría de las personas, que solo los giros de la rueda de las circunstancias pueden desarrollarlas.

* * *

Cuando está en marcha un ciclo favorable del destino, una pequeña acción correcta produce muchos resultados afortunados. Pero cuando un ciclo desfavorable predomina, un gran número de acciones correctas produce un pequeño resultado. La persona y sus capacidades no han cambiado, pero su destino sí. En ese momento, la nueva secuencia de acontecimientos en su vida no está determinada por su propia voluntad, sino por una voluntad superior.

* * *

El destino no está trabajando a ciegas y de forma poco inteligente, arbitraria y antagónica contra nosotros, como la mayoría de nosotros probablemente creemos cuando atravesamos un ciclo de karma desfavorable. Por el contrario, es la propia Sabiduría Absoluta en acción.

* * *

El alcance de las consecuencias kármicas de un acto será proporcional a la energía que contiene. La Mente-del-Mundo registra fielmente las aspiraciones más elevadas o los deseos más mezquinos. No obstante, si el pensamiento, la emoción o la acción determinada por la voluntad es solo pasajera y ociosa, entonces la impresión permanece solamente dormida y no se genera karma. Las impresiones que son muy débiles o que no se fortalecen por la repetición son bastante ineficaces, pero cuando crecen mediante la repetición o acumulación, eventualmente se vuelven kármicas y producen resultados definidos. Solo por esta razón es sabio cortar una falta –cuando se reconoce– de raíz, y eliminarla antes de que se vuelva lo suficientemente fuerte como para hacer un daño grave. También es sabio recordar que los elevados ideales firmemente sostenidos y las elevadas aspiraciones profundamente arraigadas en el corazón, no pueden dejar de dar frutos de su tipo a su debido tiempo.

* * *

La Ley es implacable, pero flexible: ajusta el castigo según el grado evolutivo de la persona. El pecador que tiene más conocimiento y que peca con más conciencia de lo que está haciendo, tiene que sufrir más.

* * *

Cada infracción de la gran ley de la compensación en su aspecto moral es acumulativa, acumulando una eventual aflicción sobre otra, que es una de las razones por las que a menudo escuchamos la queja de que las aflicciones no están en justa proporción con los pecados.

* * *

Las consecuencias de varios años de malas acciones y malos pensamientos pueden acumularse en unos pocos meses.

* * *

Por algunos errores, tenemos que pagar con la esgracia durante unos pocos años. Pero por otros, tenemos que pagar con infortunio durante toda una vida. Un daño hecho a un Sabio que encarna la compasión puede fácilmente, si no se arrepiente y lo enmiende, caer en el segundo caso.

* * *

Trotsky se propuso ser despiadado con el enemigo durante la Guerra Civil de Rusia: no es de extrañar que su propio asesinato fuera un acontecimiento cruel.

LA RESPONSABILIDAD INDIVIDUAL

Nadie ha sido traicionado, ni por Dios ni por la vida. Hemos contribuido a los trágicos acontecimientos de nuestro tiempo y, en cierta medida, nos los hemos ganado.

* * *

Muchas personas están orando para ser liberadas de las consecuencias de sus errores o debilidades, muy pocas están tratando de liberarse de sus propias faltas. Si las oraciones del grupo más grande son respondidas, las debilidades aún permanecerán en ellos y las mismas consecuencias están destinadas a repetirse de nuevo. Si los esfuerzos del grupo más pequeño tienen éxito, serán liberados para siempre.

* * *

Atribuir los resultados de la negligencia humana a la operación de la voluntad de Dios es blasfemia. Culpar a los decretos divinos de las consecuencias de la estupidez humana, la inercia y la falta de disciplina, no tiene sentido.

* * *

Si las personas se quejan de que la vida les trae lo peor, debían hacer una pausa y considerar si se han preparado interiormente para recibir algo mejor que lo peor.

* * *

Si atribuyes a la naturaleza abrumadora del destino la miserable debilidad de tu propia inercia, empeoras tu mala situación.

* * *

Una actitud más sabia lleva los problemas externos al ámbito interno del carácter, de la inteligencia y de la capacidad, y se ocupa de ellos allí.

* * *

Este culpar a los demás por las propias desGracias o incluso, por las malas acciones que uno ha realizado es, para el buscador, un recurso por el cual el ego desvía la atención de su propia culpa y así mantiene su control sobre el corazón y la mente. Para la persona común, es simplemente la expresión emocional de la ignorancia espiritual.

* * *

A partir de nuestro estudio de la ley del karma, podemos deducir que cada uno de nosotros debe crecer, convertirse en adulto y aprender a ser responsables de nuestras acciones, decisiones, emociones e incluso de los pensamientos. Somos nosotros los responsables de qué ideas, especialmente qué impulsos, aceptamos y cuáles dejamos pasar o rechazamos.

3

EL KARMA Y LA GRACIA

LA MARAVILLA DE LA GRACIA

Si el karma infalible fuera el único poder detrás de las fortunas y las desGracias, esta podría ser una perspectiva lamentable para la mayoría de nosotros. No tenemos ni el conocimiento, ni la fuerza, ni la virtud para acumular muchos y buenos méritos. Por el contrario, tenemos toda la ignorancia, la debilidad y la pecaminosidad para acumular mucho desmérito. Pero tal es la beneficencia detrás del universo que no nos deja solos a merced del karma. Junto a él existe otro poder, el poder de la Gracia. Los dos operan juntos, aunque nadie puede predecir cuánto o cuán poco de uno u otro se manifestará en algún caso en particular.

* * *

La idea de que el karma opera como una máquina automática no es del todo verdadera; esto se debe a que no está totalmente completa. El elemento que falta es la Gracia.

* * *

El rechazo a la idea de la Gracia se basa en una concepción errónea de lo que es, y especialmente en la creencia de que se trata de un don arbitrario y caprichoso derivado del favoritismo. Por supuesto, no se trata de nada de eso, sino más bien de la entrada en juego de una ley superior. La Gracia es simplemente el poder transformador del Yo Superior que está siempre presente, pero que ordinaria y legítimamente no puede actuar en una persona hasta que ésta elimine los obstáculos a esta actividad. Si su aparición se considera impredecible, es porque las malas tendencias kármicas que obstaculizan esta aparición varían considerablemente, de una persona a otra, en fuerza, volumen y duración de la vida. Cuando el karma que los generó se vuelve lo suficientemente débil, ya no pueden impedir su acción.

* * *

Así como esta generación ha vivido para ver la experiencia de la gravedad alterada por las experiencias de ingravidez de los astronautas, así en todas las generaciones ha habido quienes han encontrado la experiencia del karma alterada por la Gracia y su perdón.

* * *

La incapacidad de apreciar el papel de la Gracia debido a la fe en la ley del karma es tan deplorable como la tendencia a exagerarla debido a la fe en una deidad personal.

* * *

No necesitamos demorarnos ociosamente en el flujo de los acontecimientos porque creemos en el destino. El Yo Superior es más profundo que el destino. El Yo Superior es omnipotente; los eslabones interconectados de la cadena del Destino caen al suelo a sus órdenes; es mejor creer en el Yo Superior y en su supremacía, que creer en el destino y su poder: no es que el Yo Superior pueda burlar al destino, simplemente lo disuelve.

* * *

El Yo Superior actúa a través de una ley inexorable, sí, pero el amor es parte de la ley. La Gracia no viola ningún principio, sino que cumple el principio más alto.

* * *

Algunos tienen dificultades en entender el exacto lugar de la Gracia, en el esquema de las cosas. Si creen en la ley de la retribución, parece que no queda espacio para la ley de la Gracia. Es verdad que debemos enmendar nuestra conducta y corregir nuestras faltas; que no se pueda encontrar escapatoria a estos deberes necesarios. Pero se pueden hacer solos o pueden ser hechos con el pensamiento, el recuerdo y la ayuda del Yo Superior. En este segundo curso introduce la posibilidad de la Gracia. Solo puede entrar a este curso si se ha seguido el primero y solo si la aspiración ha logrado elevar la conciencia al Yo Superior. Para ello bastará un breve contacto. Lo que sucede entonces es que el cambio interior se completa y la consecuencia kármica restante, que no se cumplió, es anulada. Aquí no se da “algo a cambio de nada”, no hay ruptura de la ley de la retribución. El ego debe usar su voluntad para arrepentirse y enmendarse, en cualquier situación.

* * *

Buda vivía en una tierra donde el clero degenerado había persuadido astutamente a las masas para que creyeran que cada pecado podía ser expiado, y que sus efectos presentes o futuros en el destino podían ser eludidos mediante algún ritual pagado, un sacrificio o magia. Buda trató de elevar el nivel moral de su pueblo, negando el perdón del pecado y afirmando la rigurosa gobernanza de la ley kármica, la estricta inalterabilidad de la justicia invisible. Jesús, por el contrario, vivió en una tierra donde la religión proclamaba duramente: "Ojo por ojo, diente por diente." Él también trató de elevar el nivel moral de su pueblo. Pero una sabiduría no menor que la de Buda le hizo enfrentar la situación enfatizando el perdón de los pecados y la misericordia de Dios. "La ley de la retribución trae a cada hombre lo que le corresponde y ninguna forma religiosa externa puede cambiar su funcionamiento", esto es, en efecto, la esencia de gran parte de la enseñanza budista. "Es verdad", podría haber dicho Jesús, "pero existe también la ley del amor, el amor de Dios, para aquellos que tienen la fe para invocarlo y la voluntad de obedecerlo." Debemos reconocer que ambos profetas estaban en lo cierto, si consideramos los diferentes grupos a los que se dirigían, y que ambos ofrecieron el tipo de ayuda que más necesitaba cada grupo. Que nadie niegue a la divinidad una virtud que es poseída por la humanidad. La respuesta del yo más elevado al arrepentimiento del ego es cierta. Y tal respuesta puede extenderse hasta el perdón completo de los pecados.

* * *

La Gracia es una energía mística, un principio activo que pertenece al Yo Superior que, por un lado, puede producir resultados en los campos del pensamiento, el sentimiento y el cuerpo físico del ser humano y, por otro lado, en sus relaciones y las circunstancias kármicas. Es la voluntad cósmica, no solo un deseo piadoso o un pensamiento amable y puede realizar auténticos milagros bajo sus propias leyes desconocidas. Tal es su potencia dinámica que puede otorgar a una persona la percepción de la realidad última, tan fácilmente como puede llevar a una persona moribunda de nuevo a la vida o recuperar, de manera instantánea, el uso de las extremidades a un paralítico.

* * *

Hay esperanza para todos, porque hay Gracia para todos. Nadie es tan pecaminoso que no pueda encontrar el perdón, la purificación y la renovación.

* * *

A aquellos que creen que el universo se rige por la ley y que la vida humana, por ser parte de él, también debe ser gobernada por la ley, les resulta difícil creer en el perdón de los pecados y la doctrina de la Gracia de la cual ese perdón hace parte. Pero déjalos considerar esto: si el hombre no aprende la lección y no enmienda su conducta, si vuelve a caer en los errores de siempre, entonces su perdón también expira automáticamente. La ley de la retribución no es anulada por su perdón, sino que su funcionamiento es modificado a través de un trabajo paralelo de una ley superior.

* * *

Cuando la sumisión total del ego es recompensada por la sagrada Gracia del Yo Superior, se te concede el perdón por el pasado más oscuro y tus pecados se perdonan verdaderamente.

* * *

Hay tres tipos de Gracia: el primero es el que tiene la apariencia de la Gracia, pero que en realidad, desciende del buen karma pasado y es enteramente auto-ganado; segundo, aquella que un Maestro da a los discípulos o aspirantes cuando existen las circunstancias apropiadas, tanto externas como internas: esto es solo la naturaleza de una vislumbre temporal, pero es útil, porque ofrece una idea de la meta, un sentido de la dirección correcta y el aliento inspirador para continuar en la Búsqueda; el tercero ocurre cuando una persona alcanza el grado más alto de realización, es capaz en algunos casos de modificar un karma negativo pendiente o, en otros casos de anularlo, porque él o ella ha dominado las lecciones específicas que necesitaban ser aprendidas. Esto es particularmente evidente cuando la Mano de Dios elimina los obstáculos en el camino de su trabajo. La concepción filosófica de la Gracia muestra que es justa y razonable. De hecho, esta concepción es bastante diferente de la creencia religiosa ortodoxa al respecto de la Gracia, ya que es una creencia que la considera una intervención arbitraria del Poder Superior, en beneficio de sus seres humanos favoritos.

* * *

El Yo Superior no viola la ley de las consecuencias en ningún momento. Si, a través de tus propios esfuerzos, modificas sus efectos sobre ti en un caso en particular, o si lo mismo ocurre por la manifestación de la Gracia, todo se hace aún dentro de esa ley: porque no debe olvidarse que la porción de karma seleccionada para una determinada encarnación no agota todo el almacenamiento del karma existente en el registro de una persona. Siempre hay mucho más que la porción de una sola vida en la Tierra. Lo que sucede es que una porción del buen karma se manifiesta junto con el mal karma, y de tal naturaleza y en tal momento, que lo neutraliza completamente, si el resultado es su erradicación, o lo neutraliza parcialmente, si su modificación ha de ser el resultado final. Así, la misma ley sigue vigente, pero hay un cambio en el resultado de su aplicación.

* * *

La noción de Gracia, tal como se da en la religión popular fue quizás útil para las masas, pero necesita una larga revisión para los buscadores filosóficos. No se concede por capricho de un Dios Personal, ni únicamente después de merecedores trabajos por ello. Es, más bien, una emanación constante y permanente del propio Yo Superior de la persona, siempre disponible, pero de la cual cada uno de nosotros debe compartir por sí mismo. Si a veces parece intervenir especialmente a favor de uno, es una apariencia debida a la inmensa sabiduría a la hora de sincronizar la liberación de un buen karma en particular.

* * *

¿Sería el perdón una anulación imposible de la ley del karma? ¿No hay manera de salir de una consecuencia kármica que conduce y crea otra más en una serie interminable y desalentadora? Creo que Jesús ha dado una respuesta a la primera pregunta, y Esquilo a la segunda. Mateo 12:31 dice: "Por lo tanto, os digo: todo pecado y blasfemia serán perdonados a los hombres", fue la clara declaración de Jesús. En cuanto al difícil problema que plantea la segunda pregunta, consideremos la solución que sugiere Esquilo: "Solo en el pensamiento de Zeus, sea lo que sea Zeus". El karma debe actuar automáticamente, pero el Poder detrás del karma conoce todas las cosas, controla todas las cosas, controla incluso el karma mismo, *sabe y comprende cuando es deseable el perdón.* Ninguna mente humana puede comprender ese Poder; por lo tanto, Esquilo añade la frase que dice: "Sea lo que sea Zeus". El perdón no destruye la ley del karma; complementa el trabajo de esa ley. "Todos los mortales necesitamos perdón. No vivimos como desearíamos, sino como podemos", escribió Menandro, casi cuatrocientos años antes de la época de Jesús.

* * *

En el Yo Superior encontramos el valor supremo y absoluto, porque trasciende el propio plano de la ideación. El Yo Superior no puede separarse del karma cósmico, pero no está sujeto al funcionamiento de la causalidad de la persona, porque no está sujeto a la personalidad, a los cambios, a la relatividad; está más allá de los límites de estas ideas que aparecen dentro del mismo. Cuando lleguemos a analizar la naturaleza de la realidad última, aprenderemos por qué esto es así. Por lo tanto, el karma personal no puede operar en tal esfera de lo absoluto, por más rígido e inflexible que opere dentro del mundo del espacio-tiempo de la existencia relativa. Este hecho de que la causalidad personal no existe en su sentido más profundo de la existencia ofrece una gran esperanza para la humanidad. Porque hace posible la introducción en la vida humana y su vicisitud, del factor totalmente nuevo e inesperado de la Gracia. Es como un cinturón salvavidas al cual los mortales desesperados pueden aferrarse. El peor de los pecadores puede recibir lo que no merece si se arrepiente con sinceridad, si hace todas las enmiendas posibles y cambia su actitud con fe sublime. Independientemente de lo que haya sido su vida pasada si, *debido a un cambio de pensamiento y acción,* puede lograr que su voz se escuche, en esa región superior, siempre es posible que este don de la Gracia descienda.

RECONOCIENDO LA GRACIA

Ha habido algunos cuestionamientos sobre la idea de la Gracia. Es aceptada por los cristianos e hindúes y negada por los budistas y jainistas. Sin embargo, incluso aquellos que la aceptan tienen ideas confusas y contradictorias sobre ella. En un sentido general más amplio, podría ser definida como un cambio benevolente provocado sin la fuerza de voluntad de la persona, sino más bien, producido por algún poder que comúnmente y normalmente no le es propio. Pero debido a que tenemos residuos de reencarnaciones anteriores en forma de karma, es imposible para la mayoría de las personas distinguir si algún acontecimiento es el resultado del karma o de la Gracia. Con todo, a veces pueden, por ejemplo, si se despiertan por la mañana o incluso en medio de la noche recordando alguna dificultad, alguna situación o problema, pero, junto con eso, sienten una Presencia Superior y luego con este sentimiento comienzan a ver la luz sobre esa dificultad o problema y, especialmente, comienzan a perder la angustia, el miedo, o la incertidumbre que esto les produjo, puede haber sido causado por ella. Si sienten que las reacciones negativas desaparecen y una cierta tranquilidad las reemplaza, y en especial, si la manera de actuar correctamente en la situación se vuelve más clara, entonces están experimentando una Gracia.

* * *

La intuición –que Bergson llamó el camino más seguro hacia la verdad– elimina las incertidumbres. Cuando estás en contacto con el Yo Superior, para resolver un problema, recibes una orden directa sobre qué hacer y entonces sabes que está correcto. Las nubes, las dudas y las vacilaciones que surgen cuando se confrontan dos puntos de vista contrarios, se disuelven. Mientras que, si usted no está en contacto con el Yo Superior, pero solo es llevado por el karma, entonces usted podrá oscilar de un lado para otro, entre las emociones y las opiniones.

* * *

Primero, debes intentar elevarte, tomándote el tiempo necesario y haciendo el esfuerzo que se requiera. Entonces, sentirás que alguna otra fuerza te está elevando libremente: esta es la reacción, la Gracia.

INVOCANDO LA GRACIA

Es excelente creer en la realidad de la Gracia y la esperanza de su venida. Pero no deben convertirse en pretextos para la pereza espiritual y el pecado moral.

* * *

Si la Gracia del Yo Superior no viene a ayudarte, todos tus esfuerzos serán infructuosos. Pero, por otro lado, si no te esfuerzas, es poco probable que la Gracia venga en absoluto.

* * *

El hecho de que la Gracia sea un descenso impredecible desde lo alto no significa que estemos totalmente indefensos en el asunto y que no hay nada que podamos hacer acerca de ello. Podemos al menos prepararnos tanto para atraer la Gracia cuanto para responder correctamente cuando esta venga. Podemos limpiar nuestros corazones, entrenar nuestras mentes, disciplinar nuestros cuerpos y fomentar el servicio altruista, incluso ahora. Y entonces, cada súplica que enviamos para invocar la Gracia será apoyada y enfatizada por estas preparaciones.

* * *

Si hay alguna ley relacionada con la Gracia, es que a medida que damos amor al Yo Superior, obtenemos Gracia de ello. Pero ese amor debe ser tan intenso, tan grande, que voluntariamente sacrifiquemos tiempo y pensamiento para ello, en una medida que muestre cuanto él significa para nosotros. En resumen, debemos dar más para recibir más. Y el amor es lo mejor que podemos dar.

* * *

El hecho es que el poder superior dispensa la Gracia para todos, pero no todos son capaces, están dispuestos o listos para recibirla, no todos pueden reconocerla y hay muchos que la dejan pasar. Ésta es la razón por la que las personas deben trabajar primero sobre sí mismas, como una preparación.

* * *

Cuando te vuelves plenamente consciente tanto del deber sagrado de la superación-personal, como también, de la lamentable debilidad que tienes, surge lógicamente la necesidad de obtener el poder redentor y transformador de la Gracia. Entonces, estás psicológicamente listo para recibirla. No puedes atraer la Gracia para ti mismo, sino solo invocarla y esperarla.

* * *

La idea de conquistar tu propia naturaleza inferior únicamente por tus propios esfuerzos no deja espacio para la Gracia. Sería mejor encontrar un enfoque más equilibrado. Necesitas aprender en tus esfuerzos que ellos por sí solos no pueden lograr todo lo que buscas. El primer paso para atraer la Gracia es humillarte en oración y reconocer tu debilidad.

* * *

La Gracia no es una operación unidireccional. No se trata, como algunos creen erróneamente, de obtener algo de modo gratuito. No hay nada gratis en ninguna parte. Porque cuando la Gracia comienza a operar, también comienza a disipar aquellas cualidades negativas que la obstruyen. Ellas se resistirán, pero si adoptas la actitud correcta de auto-entrega y estás dispuesto a dejarlas ir, no podrán resistir por mucho tiempo. Pero si te aferras a ellas porque parecen ser parte de ti mismo, o porque parecen ser "naturales", entonces la Gracia se retirará o te llevará a vivir circunstancias y situaciones que eliminarán las obstrucciones por la fuerza, y consecuentemente, de manera dolorosa.

* * *

La Gracia, que proviene de una fuente que está arriba y más allá de ti mismo, es la última respuesta a todas tus preguntas, es lo que al final disolverá todos tus problemas, cuando tu propio intelecto falle en responder tus preguntas y tu propia gestión no pueda hacer frente a todos tus problemas. Y la primera llamada piadosa para invocar ese don debe ser silenciar la confusión que hay dentro de ti y calmar el tumulto interno de tu mente. El ego debe reconocer que su propia naturaleza no es confiable y debe hacer una pausa, detener su actividad persistente, en la meditación pasiva.

* * *

Se requieren dos cosas de ti antes de que la Gracia se manifieste en ti. Una es la capacidad de recibirla. La otra es cooperar con ella. Para la primera, debes humillar el ego; para la segunda, debes purificarlo.

* * *

Tu parte es abrir un camino, eliminar obstáculos, ganar concentración, para que la Gracia del Yo Superior pueda alcanzarte. La unión de ambas actividades produce el resultado.

* * *

Si todos tus esfuerzos se concentran en el auto-mejoramiento, entonces el círculo de tus pensamientos será pequeño y limitado. Lo trivial se volverá demasiado importante ante tus ojos y lo insignificante se llenará de significado. Es necesario equilibrar una actitud con la otra: la de entregarse y la de tener fe en el poder de la Gracia.

* * *

Aquellos que piden al Yo Superior que les dé su mayor bendición, su Gracia, deberían preguntarse qué han estado dispuestos a darle ellos al Yo Superior: cuánto de su tiempo, amor, auto-sacrificio y auto-disciplina.

* * *

Las condiciones que ayudan a hacer posible la manifestación de la Gracia incluye, primero, una vida más simple que la de la civilización moderna, dominada por la cosas materiales; segundo, la comunión con y la veneración de la Naturaleza.

* * *

La Gracia es enteramente la operación del Yo Superior, pero puedes ayudar a invocarla mediante tu anhelo y oración, volviendo frecuentemente tu mirada de tu pequeña persona a este yo más grande. Por lo tanto, ninguna súplica sincera y sostenida que se lance durante una crisis hacia el aparente vacío pasa desapercibida por el Yo Superior. Pero uno debe ser sincero en el sentido de expresarse por sus actos, no menos que por sus pensamientos.

Y debe sostenerse en el sentido de ser una aspiración continua y no simplemente el estado de ánimo de una hora. Las personas que invocan sinceramente el poder superior no lo invocarán en vano, aunque su respuesta puede manifestarse de una forma inesperada, a veces, no del todo de su agrado inmediato, a veces mucho más allá de sus esperanzas, pero siempre para su beneficio real en lugar de lo aparente.

* * *

Si quieres la Gracia debes hacer algo para merecerla, tal como estar atento al desperdicio de tiempo en chismes y actividades triviales, o incluso dañinas (porque son negativas); purificar tu carácter; estudiar las revelaciones de los sabios; reflexionar sobre el curso de tu vida; practicar la quietud-mental y la disciplina emocional.

* * *

Aquellos que buscan la Gracia deberían hacer algo para merecerla. Deberían practicar el perdón a otras personas que los han herido; ofrecer misericordia a cualquier persona bajo su autoridad o que necesiten ayuda; que dejen de sacrificar animales inocentes. Esto será realmente como si ellos estuvieran concediendo la Gracia a ellos mismos. Lo que ellos den a otros, pueden esperar recibirlo ellos mismos.

* * *

La Gracia siempre se ofrece de manera general, pero no vemos ese ofrecimiento; somos ciegos y, por lo tanto, la dejamos pasar. ¿Cómo podemos revertir esta condición y adquirir la visión? Preparando las condiciones adecuadas. Primero, reservando un periodo diario –un breve periodo, para comenzar– para retirarse de las actividades normales de su vida diaria. Dedicar este periodo para ir hacia el interior, a la meditación. Salir del mundo por unos minutos.

* * *

Quien sea que invoque a la Gracia del Yo Superior debe estar informado de que también está invocando un largo e arduo período de auto-mejoramiento y de aflicción auto-purificadora necesarios para estar en condiciones de recibir esa Gracia.

* * *

Es cierto que la Gracia es algo que proviene de una fuente superior y distinta de ti. Pero también es cierto que determinados esfuerzos realizados por usted pueden atraer este don antes de lo que hubiera llegado de otro modo. Esos esfuerzos son: oración constante y ayuno periódico.

* * *

La Gracia puede representar la maduración del karma, o una respuesta a una apelación directa a un poder superior, o puede venir a través de las súplicas de un santo. La fe en el Poder es recompensada por la Gracia. Si la apelación fracasa, el karma adverso debe ser demasiado fuerte. Los materialistas no hacen tales súplicas, por lo que no reciben ninguna Gracia, a menos que la acumulación de buenas acciones les traiga buen karma.

* * *

No es posible que se nos remita el castigo de los errores del pasado hasta que nosotros mismos los dejemos ir y tomemos sus lecciones plena y justamente en serio.

* * *

El dolor por un rumbo equivocado en la vida, la resolución de abandonarlo y la disposición a hacer enmiendas definitivas son requisitos previos para asegurar la Gracia.

* * *

La confesión es una buena práctica cuando es un reconocimiento sincero y honesto de que ciertas acciones del pasado fueron erróneas, ya sea porque fueron meramente imprudentes o totalmente malas, que nunca debieron haber sido cometidas, y que, si vuelves a enfrentarte a situaciones similares, harás todo lo posible por no cometerlas. El remordimiento, la penitencia y el deseo de reparar el daño son los sentimientos emocionales que deben acompañar al reconocimiento intelectual para que tenga valor efectivo en el futuro. Según la costumbre, hay tres maneras en que se puede hacer la confesión. Existe la tradición de algunas religiones, que exigen la presencia de un sacerdote ordenado. Esto es útil, principalmente para los seguidores de estas religiones, que pueden tener fe, tanto en los dogmas como en los sacerdotes. Pero ya sea que se haga en un ambiente religioso o no, la confesión ante otra persona sólo tiene valor si esa esta tiene realmente un estatus espiritual superior al del pecador, y no simplemente lo reclama o lo finge tener. Si esta garantía está presente, entonces la confesión libera la tensión de los pecados secretamente guardados. En segundo lugar, existe la tradición de algunas sectas y cultos, que imponen la presencia de un grupo[1]. Esto también es útil, solo para los compañeros creyentes, y útil de una manera muy limitada. Ofrece alivio emocional. Pero se degenera con demasiada facilidad por causa de un exhibicionismo egoísta. Ciertamente, es mucho menos deseable que la primera. La confesión privada realizada en soledad y dirigida hacia el propio Ser superior es el tercer modo. Si el pecador experimenta una sensación de haber sido limpiado interiormente, y posteriormente muestra una total tendencia a no repetir lo pecado, puede saber que su confesión ha sido efectiva y que la Gracia del Yo Superior ha llegado a él en respuesta a ese acto. Sin embargo, es un error creer, que basta solo un acto de confesión. Puede que lo sea, pero la mayoría de las veces tal respuesta llega solo como el clímax de una serie de actos de este tipo. También es un error creer que cualquier confesión tiene algún valor si el ego del pecador no es abyectamente humillado y se le hace sentir no solo su necesidad e indignidad, sino también su dependencia del poder superior para que le ayude a alcanzar la sabiduría y el autodominio.

* * *

Si intentas cumplir estas condiciones de sincera autopreparación, y si tratas de practicar el servicio, la compasión y la bondad, la Gracia vendrá y su significado será encontrado. Porque la Gracia tiene un significado muy cercano al amor, al amor desinteresado. Lo que le has dado a otros te será devuelto por la ley de recompensa.

* * *

1 Este tipo de confesión se denomina "Confesión asamblearia", y se da frecuentemente en religiones, sectas espirituales y comunidades religiosas tanto cristianas como de otras tradiciones. [N. del E.]

Al perdonar a aquellos que nos han hecho daño, nos colocamos en la posición de ganar el perdón por el daño que nosotros mismos hemos hecho.

* * *

Si te haces digno de la Gracia, no necesitas preocuparte de recibirla en algún momento futuro. Tus fervientes esfuerzos, tarde o temprano lo merecerán. Y ésta es la mejor manera de hacer que su otorgamiento sea probable.

* * *

Tú puedes caer en la consternación a veces, pero nunca deberías dejar que esto se vuelva desesperación. Esto ayuda a que la Gracia venga.

* * *

La oración no debe ser despreciada por nadie. Nosotros minimizamos el poder del Yo Superior si aceptamos esa afirmación. Mientras somos imperfectos, sentiremos la necesidad de orar. Mientras más sintamos que nos falta algo, más tenemos que orar. Solo el sabio que es íntegro y sin deseos no necesita orar, aunque el sabio puede orar por los demás en su propia, misteriosa y poco convencional manera. Tampoco podemos decir que siempre es un error orar por cosas físicas: a veces esto puede ser lo correcto. Pero una oración que es meramente una petición hacia un Ser sobrenatural, para eliminar las aflicciones que la propia persona creó, no puede traer ningún otro resultado que no sea el confort psicológico. Ciertamente, no alterará ni un solo aspecto de la compensación kármica por la cual está sufriendo. Será solo un sonido en el aire. Protestará en vano al destino. Pero una oración que combine el esfuerzo arrepentido para alterar el defecto del carácter que causó la aflicción y proviene complemento de un intento real para reparar el daño que se ha hecho a alguien, puede no ser vano. El arrepentimiento y la reparación son factores importantes que pueden hacer que una oración sea exitosa. Entonces será una fuerza que puede afectar el karma personal, porque introduce un karma nuevo y favorable...

Observemos entonces que el Dios al que oramos habita primero en nuestro propio corazón. Cuando nuestra oración produce una sensación posterior de alivio o de paz, es probablemente una señal de que hemos orado correctamente; pero cuando nuestra perplejidad o la angustia que pesa sobre nosotros es tan pesada como antes, es probablemente una señal de que debemos orar de nuevo y aún otra vez o que hemos orado de manera incorrecta. En la medida en que una oración exalta los pensamientos por encima de las pequeñas preocupaciones personales, seguramente será útil para el progreso. En tanto que sea una solicitud puramente materialista o completamente hipócrita, que es dirigida a una deidad antropomórfica para recibir beneficios materiales de un tipo en particular, con seguridad será inútil, ya sea que esté aparentemente dirigida al progreso espiritual o práctico. La mejor manera de apelar en contra del principio del karma, cuando exige un tributo doloroso, no es orar, sino cambiar tus pensamientos. Cuanto más puedas cambiar para mejor la tendencia de tus pensamientos, mejor será tu vida externa.

* * *

La Gracia es el poder oculto que trabaja junto con la aspiración del espíritu y con los esfuerzos de disciplina. Esto no significa que continuará trabajando si la persona elimina la aspiración o el esfuerzo. Puede, pero, generalmente, no lo hace.

4

TRABAJANDO CON EL KARMA

APLICA TU COMPRENSIÓN

Las personas se quejarán de su infelicidad del pasado, y del dolor porque no pueden anularlo; pero se olvidan de deshacer el futuro infeliz que ahora están construyendo activamente.

* * *

Cuando se considera el asunto del karma desde el punto de vista de largo alcance, cada uno de nosotros crea nuestro propio mundo y atmósfera. Por lo tanto, no tenemos a nadie más que a nosotros mismos para agradecer o culpar por nuestra comodidad o miseria. También hay que recordar que el uso correcto o incorrecto del libre albedrío está en este momento decidiendo las condiciones y circunstancias de las vidas que vendrán.

* * *

No es una cuestión de lamentarse cuando tienes que enfrentar circunstancias adversas, sino más bien un desafío en cuanto a lo que puedes hacer con ellas. Representan una triple posibilidad: deterioro, estancamiento o crecimiento. Cuando tu mente se ha acostumbrado el tiempo suficiente a estas ideas, y cuando han sido recreadas como producto de tu propio pensamiento y la conclusión de tu propia experiencia, te permitirán enfrentar los desafíos del destino y los cambios de fortuna con una fuerza y sabiduría antes desconocidas.

* * *

Cuando la enseñanza de que inevitablemente recibirás los resultados de tus acciones gana la aceptación a través de satisfacer completamente la necesidad racional de conocimiento y la necesidad emocional de justicia; cuando esta idea alcanza un cierto grado de fuerza sincera y claridad intelectual; cuando su verdad innata es reconocida como creíble y su justicia como consoladora, y cuando comienza a volverse dinámica en su perspectiva mundial; entonces no solo comenzará a ejercer influencia en tu vida exterior, sino que ni siquiera se puede evitar que la influya. Cuando esto aparentemente falla, siempre es porque la aceptación es meramente superficial y solo de palabra o porque el egoísmo innato y la pasión indisciplinada se afirman en el carácter subconsciente. En el primer caso, la doctrina es conocida solo como una tradición deteriorada o por repeticiones sin comprenderlas, como a menudo sucede en el Oriente. A través de su aceptación convencional, la doctrina del karma nunca se ha convertido en una profunda convicción y, consecuentemente, ha perdido gran parte de su ventaja éticamente disciplinaria. En el segundo caso, los complejos están en acción, sin que la persona perciba y les impiden darle el total valor debido a la doctrina. Dicho esto, es axiomático que tendamos a hacer, en última instancia, lo que pensamos y sentimos.

* * *

Una vez que una serie de pensamientos o acciones es lo suficientemente fuerte, su resultado kármico es tan inevitable como una imagen en una película fotográfica expuesta. Cuando la fuerza kármica ha alcanzado un cierto impulso, su movimiento hacia adelante ya no se puede detener, aunque pueda ser modificado. Es por eso que existe una máxima filosófica que dice que debemos cortar el mal desde la raíz y así, eliminar las energías kármicas antes de que se vuelvan inexorablemente decisivas. Un pensamiento que no ha alcanzado una cierta plenitud de crecimiento y fuerza no producirá consecuencias kármicas. La importancia de frenar los pensamientos erróneos en el momento que aparecen es lo más indicado. La forma de combatir una mala tendencia en uno mismo o un mal movimiento en una nación es suprimirlos durante las primeras etapas, antes de que cobren impulso. Porque es más fácil frustrarlos al principio, cuando son relativamente débiles, que más tarde, cuando son relativamente fuertes.

* * *

Es un ejercicio valioso para usted descubrir dónde comienza su propia responsabilidad por sus problemas, separar lo que es realmente una proyección externa de sus defectos internos, de lo que está siendo impuesto sobre usted por un destino imposible de rastrear o por un ambiente desafiante.

* * *

La práctica pitagórica del auto-interrogatorio nocturno, con preguntas como "¿Qué he hecho mal?" y "¿Qué deber he dejado sin hacer?" fue un excelente método para contrarrestar el mal karma en proceso, al igual que su otra práctica de no decir y no hacer nada mientras se está bajo la influencia de la pasión.

* * *

El karma es una parte de ti mismo y no puedes alejarte de él. Pero, así como puedes hacer algunos cambios en ti mismo, también puede haber un eco correspondiente en el karma.

* * *

Solo cuando puedas juzgar tu propia suerte con impersonalidad y sin quejas, podrás desarrollar la capacidad de entender el misterio de tu destino y por qué este ha tomado un rumbo particular en lugar de otro.

* * *

El karma es el resultado preciso de lo que una persona piensa y hace. Tu reacción ante los acontecimientos y situaciones es el resultado preciso de lo que eres, tu etapa en la evolución. Por lo tanto, reacciones menores y por consiguiente mejor fortuna podrá venir, solo cuando elevas tu estado evolutivo.

* * *

Dondequiera que vayas, siempre llevas contigo tu propia mente, tu propio corazón y tu propio carácter. Ellos son los verdaderos autores de tus problemas. Nada exterior cambiará estos problemas mientras no empieces a cambiar tu vida psíquica, es decir, a ti mismo.

* * *

Quieres que el desarrollo de tu vida exterior se ajuste a tus propias concepciones. Pero si no has encontrado tu armonía interior con Dios, a pesar de todos tus esfuerzos, eso nunca se dará.

* * *

Todas las precauciones a través de talismanes, las influencias de las gemas, etc, amplifican o modifican las otras influencias (kármica, ambiental y personal) que pueden estar en acción; no se mantienen solas. Se puede hacer más de esta manera: cambiando el tipo de pensamientos predominantes, y especialmente, manteniendo fuera pensamientos dañinos, destructivos y negativos junto con la oración para obtener una guía.

* * *

Tus esfuerzos para modificar los efectos del mal karma (retribución), deben dirigirse hasta donde posiblemente puedas rastrear cualquiera de las causas iniciadas en la vida presente, incluyendo el remordimiento por los males cometidos a otros, así como por el daño causado a ti mismo. Si el sentimiento de remordimiento no surge naturalmente al principio, puede aparecer después de varios intentos de reconsiderar las acciones incorrectas, desde un punto de vista impersonal. La reflexión constante sobre los principales pecados y errores de tu pasado de la manera correcta, comparando la imagen de su comportamiento real en contraste con la imagen de cómo debería haberse comportado, puede con el tiempo generar un profundo sentimiento de tristeza y arrepentimiento, cuya intensidad ayudará a purgar tu carácter y mejorar tu conducta. Si, mediante tal frecuente e imparcial retrospección, las lecciones de la mala conduta pasada han sido totalmente aprendidas, existe una mayor probabilidad de que la Gracia del Yo Superior borre el registro del mal karma que se espera sufrir, o al menos lo modifique.

* * *

No envidies a los que tienen buena fortuna. Los dioses les han asignado una porción de buen karma, pero cuando éste se agote, serán despojados de muchas cosas, excepto aquellas posesiones espirituales en su interior.

El karma no dice que una persona nacida en un barrio pobre debe permanecer allí hasta que muera. Los pone allí, es verdad; pero depende de ellos salir, mediante el uso de la inteligencia y los esfuerzos personales. Es verdad, sin embargo, que no pueden hacer todo lo que desean, porque tienen que empezar con el material existente y desarrollarse a partir de ahí. "Ningún general puede ser afortunado a menos que sea audaz", dijo el General Sir Archibald Wavell. Lo mismo ocurre en el campo de batalla de la vida. Debemos estar preparados para correr un riesgo o dos, si queremos salir triunfantes del campo.

* * *

Una vez que realmente tomes en serio la ley de las consecuencias, no lastimarás a otra persona, voluntaria o conscientemente. Y esto es así, principalmente, porque no querrás lastimarte a ti mismo.

* * *

Tienes que prever las consecuencias no solo de una acción, sino también de una actitud o un punto de vista.

* * *

Si tienes alguna queja contra otra persona o si eres consciente de sentimientos de ira, resentimiento u odio contra otra persona, sigue el consejo de Jesús y no dejes que el sol se ponga sobre tu ira. Esto significa que debes ver la otra persona como expresando el resultado de toda su larga experiencia y pensamiento personal sobre la vida y, por lo tanto, como víctima de su propio pasado, no actuando mejor solo porque no conoce nada mejor. Entonces, comprenda que cualquier mal que se haya cometido automáticamente quedará bajo la pena de la retribución kármica. En consecuencia, no es asunto tuyo condenar o castigar a la otra persona, sino mantenerte al margen y dejar que la ley del karma se encargue de ella. Es asunto tuyo comprender y no culpar. Debes aprender a aceptar a las personas tal como son, no condenarlas. Ciertamente, deberías tratar de no sentir ningún resentimiento emocional o expresarles mala voluntad. Debes mantener tu propia conciencia por encima del mal, las malas acciones, las debilidades o las faltas del otro y no dejar que entren en tu propia conciencia –que es lo que sucede– si permites que provoquen reacciones negativas en tu consciencia inferior. Debes hacer un esfuerzo inmediato y constante para erradicar esas hierbas dañinas de su vida emocional. Pero la manera de hacerlo no es cegarte ante las faltas, los defectos y las malas acciones de otros. Tampoco debe hacerse saliendo de tu camino para asociarte con personas indeseables.

* * *

Algunos moralistas bienintencionados que dicen que el discípulo ya no debe buscar el mal en los demás, se van al otro extremo y dicen que debemos buscar solo el bien. La filosofía, sin embargo, no respalda ninguno de los dos puntos de vista, salvo para señalar que no tenemos por qué juzgar a aquellos que son más débiles que nosotros y menos aún condenarlos. Dice además que buscar solo lo bueno en los demás sería dar una imagen falsa sobre ellos, ya que una imagen adecuada debe combinar los lados brillantes y oscuros. Por lo tanto, es preferible mentalmente dejarlos solos y no realizar ninguna valoración sobre ellos, permitiendo que cuiden de sus propios asuntos y dejarlos al juicio infalible de su propio karma. La única excepción a esta regla es cuando uno se ve obligado a tener tratos con otra persona, haciéndose necesario que se comprenda el carácter de la persona con la que está tratando; pero incluso este entendimiento debe ser razonable, justo, pacífico, imparcial y sin prejuicios. Sobre todo, no debe despertar emociones personales o reacciones egoístas: en resumen, tendrás que ser absolutamente impersonal. Pero es raro que un discípulo tenga que hacer tal excepción. Usted debe abstenerse de prestar atención a las imperfecciones y deficiencias de los demás, y, por cierto, nunca debe culparlos por esto. Dirija su mirada crítica solo hacia usted mismo –a menos que otros le pidan específicamente que los analices– y aproveche esto para corregirse, mejorarse y reformarse.

No necesitamos tener miedo de ayudar a otros porque tenemos miedo de interferir con su karma. La razón debe guiar nuestra compasión, es verdad, y si es probable que nuestro acto benéfico le implique al beneficiario continuar con su error y conducta incorrecta; podría ser más sensato abstenerse de ello. No es generosidad aprobar su pecado y confirmarlo más fuertemente en su rumbo desatinado. Pero en este caso, es más seguro dejar que la ley del karma actúe por sí misma. De hecho, incluso es posible que el karma busque utilizarnos como un canal para modificar o poner fin al estado particular de sufrimiento en la otra persona. Negarse a aliviar el sufrimiento, humano o animal, porque puede ser una interferencia con su karma es aplicar mal el conocimiento de la ley del karma.

* * *

Debido a que creemos que el karma actúa para proporcionar al final una justicia a veces relativa y otras veces adecuada, no debemos, por ejemplo, permanecer indolentemente al margen del mal comportamiento agresivo, confiando pasivamente en su ejecución. El karma necesita usar instrumentos y sus efectos no brotan milagrosamente del aire. Por lo tanto, no debemos eludir una circunstancia si estamos llamados a cooperar con su efecto educativo previsto, para trabajar con sus operaciones intuidas, y poner en movimiento esas causas a través de las cuales se pueden producir sus reacciones.

* * *

El peor karma físico es creado por el homicidio. En este caso, la penalidad es inevitable, aunque se manifieste con retraso. El asesino será asesinado, aunque no necesariamente en la misma encarnación. El peor karma mental es creado por el odio. Si es suficientemente intenso y prolongado, dará lugar a enfermedades destructivas que corroen el cuerpo.

* * *

No hay nada reprensible en la actitud de fomentar una objeción consciente al llamado del servicio militar en una determinada etapa de nuestro desenvolvimiento, dado que esta actitud se origina en ideales nobles. No es un asunto donde alguien debería intentar dictarte lo que debes hacer, ya que tu punto de vista debe ser respetado y la práctica de la tolerancia es aconsejable en tal caso. Sin embargo, debes también darte cuenta que esto no es nada más que un marco del cual un día te moverás. Existe una posible perspectiva más alta, pero si tú no puedes percibir que ella es correcta o no tienes la fuerza interior para tomarla, no debes preocuparte, sino hacer lo que creas correcto. Y esta visión superior te llevará a poner de lado tus sentimientos personales, te hará percibir que, por haber nacido junto a las personas de tu país y por compartir tu vida con ellos, has incurrido en una responsabilidad kármica de participar de su protección. Si tus ideales son diferentes, eso no te absuelve de la responsabilidad. Solamente una renuncia deliberada de la ciudadanía y la transferencia de residencia a otro país te absolvería; y una vez que se haya declarado la guerra, será demasiado tarde. En cuanto a tomar las armas y matar a un enemigo, si es necesario, aquí de nuevo, si se hace en defensa de tu país contra una nación agresora, no es un pecado, sino una virtud. Porque no lo estás haciendo simplemente para protegerte solo a ti, sino también por los demás. En esa medida es algo bastante altruista. Mucho depende de tu motivo. Si un soldado lucha desinteresadamente con un espíritu de servicio justo contra un agresor despiadado, ese soldado está actuando de modo altruista. Además, causar la muerte de alguien no es un pecado, sino más bien el motivo que provocó esa muerte es lo que puede convertirlo en un pecado o no.

* * *

Debido a que sostenemos que el karma es el gobernador oculto del destino de la humanidad y que esa fuerza no puede ser su árbitro final, no estamos necesariamente sosteniendo que esa fuerza, por lo tanto, pueda ser prescindida en favor de una ética de la no violencia... El sabio no acepta la doctrina mística de la no violencia por diversas razones filosóficas. Sin embargo, su principal razón es porque él no desea confirmar al malhechor en su mala acción y tampoco desea suavizar su camino, y así fomentar el mal, o practicar la parcialidad hacia él. Una dócil sumisión a la voluntad de un agresor hace que el agresor crea que sus métodos compensan, mientras que una determinada resistencia interrumpe su curso descendente, suscita dudas e incluso proporciona instrucción en caso de que sufra el castigo.

* * *

El castigo de un crimen sin acompañamiento de la educación ética es una brutalidad torpe e ineficiente. El castigo en la prisión, especialmente, debe establecerse en un marco de instrucción ética que incluya la doctrina del karma. Sin tal configuración, su efecto disuasivo no es suficiente para que sea un éxito y no un fracaso-a medias.

CONTRARRESTAR LAS TENDENCIAS PREJUDICIALES

Los errores no pagados y las deudas de las vidas anteriores ahora están aquí para perseguirnos. Si queremos liberarnos de ellos, debemos también liberarnos de nuestro ego o además crear pensamientos y acciones de carácter opuesto y en cantidades contundentes, para contrarrestarlos.

* * *

¿Quién de nosotros tiene el poder de cambiar las consecuencias de sus acciones anteriores? Podemos hacer enmiendas, podemos arrepentirnos y realizar penitencias. Podemos contrarrestarlas con tipos opuestos de buenas acciones. Pero es la tarea del karma hacernos sentir responsables por lo que hacemos y esa responsabilidad no se puede evadir. En cierto sentido, sin embargo, hay una medida de libertad, un poder de creatividad, los cuales pertenecen al Yo divino más elevado que cada uno de nosotros tiene.

* * *

Lo que pasó ya pasó y no hay nada que podamos hacer al respecto. No podemos volver a escribir el pasado, no podemos reparar nuestras acciones equivocadas, no podemos corregir los errores que hemos hecho, las heridas que hemos causado o las miserias que hemos ocasionado tanto a los demás como a nosotros mismos. Pero, si los registros pasados no se pueden cambiar, nuestras actitudes actuales hacia ellos sí pueden cambiar. Podemos aprender las lecciones del pasado, podemos aplicarles sabiduría, podemos tratar de mejorarnos a nosotros mismos y a nuestros actos, podemos crear un nuevo y mejor karma. Lo mejor de todo es que, habiendo hecho todas estas cosas, podemos dejar atrás el pasado por completo y aprender a vivir en el eterno presente, refugiándonos en el Ser verdadero, en la consciencia del Yo soy, no del Yo fui.

* * *

Si quieres cambiar tu karma, comienza cambiando tu actitud: primero, hacia los acontecimientos externos, las personas, las cosas; segundo, hacia ti mismo.

* * *

Para compensar los efectos kármicos de una mala acción, haga lo contrario; y respecto a los malos pensamientos y mal uso de la palabra debemos deliberadamente cultivar el modo opuesto. Si se le ha quitado algo a una persona, algo se le debe entregar voluntariamente, que sea de igual o mayor valor para ella.

Si es verdad que nada logramos con desear que nuestro mal karma se aleje, es igualmente verdad que podemos equilibrarlo con un buen karma y así compensar sus resultados. Buda, que fue uno de los mayores exponentes de la doctrina del karma, señaló que el pensamiento correcto y las buenas acciones podrían convertir las maldiciones kármicas en bendiciones.

El enfoque fijo de una idea concentrada persistentemente ejercerá presión desde nuestro interior, por así decirlo, y podrá alterar lentamente su destino kármico material. El karma es tanto pensamiento como acción, tanto deseo como acto. Uno es la semilla que fructifica dentro de lo otro y no pueden ser separados. Es este registro silencioso y secreto en la Mente-del-Mundo que hace posible el funcionamiento del karma, al igual que el sonido codificado en un disco de audio hace posible la audición de su sonido.

* * *

Lo que nos obliga a actuar de cierta manera es en parte la presión del entorno y en parte la sugerencia de nuestro propio pasado. A veces uno es más fuerte, a veces lo es el otro. Pero la raíz de todo el problema está en nuestra mente. Cultivarla de manera adecuada nos libera en gran medida de ambas compulsiones.

* * *

Al observar nuestra vida de pensamientos, manteniendo fuera lo negativo y cultivando ideas positivas que confían en las leyes superiores, en realidad iniciamos procesos que eventualmente traen mejoras a la vida exterior.

* * *

Lo que retrasa la expresión de tu pensamiento dinámico en las modificaciones de tu entorno o alteraciones de tu carácter es el peso de tu propio karma pasado. Pero solo te retrasa; si mantienes la presión de la concentración y el propósito, tus esfuerzos eventualmente darán sus frutos.

* * *

Cuanto más amable te comportes con los demás, más reflejará su comportamiento hacia ti algunas de estas cualidades. Mientras más mejores tus propias condiciones mentales y morales, tus relaciones humanas más te devolverán algún eco de este progreso.

* * *

Cuando toda la malicia y toda envidia sean resueltamente expulsadas de tu naturaleza, no solo tú serás el ganador, con un carácter mejorado y un karma más placentero, sino también, aquellos otros que habían sufrido como víctimas de tus palabras mordaces o pensamientos desagradables.

* * *

La ley de las consecuencias es inmutable y no caprichosa, pero sus efectos a veces pueden modificarse o incluso neutralizarse introduciendo nuevas causas en forma de pensamientos y acciones opuestas. Esto, por supuesto, implica a su vez, un cambio brusco en la dirección del curso-de la vida. Tal cambio lo llamamos arrepentimiento.

* * *

El karma no cancela totalmente la libertad, sino que la limita. Si los resultados actuales de causas pasadas crean barreras a tu alrededor, a través de un mejor carácter y de una inteligencia mejorada, nuevas causas pueden ser iniciadas y otros resultados pueden ser obtenidos.

* * *

Todos tenemos que soportar las consecuencias de nuestras acciones pasadas. Esto no se puede evitar. Pero, por supuesto, hay buenas y malas acciones. Podemos, hasta cierto punto, compensar esas consecuencias, trayendo fuerzas contrarias a través de nuevos hechos; pero hasta qué punto esto será cierto, variará necesariamente de persona a persona. Las personas que tienen conocimiento y poder, que son capaces de practicar una meditación profunda y controlar su carácter, necesariamente afectarán esas consecuencias, mucho más fuertemente que aquellos que carecen de ello.

* * *

La medida de esta influencia contraria será la medida de la sinceridad de tu arrepentimiento, de evitar justificarte a tí mismo, el esfuerzo por cambiar tu modo de pensar, y los pasos prácticos que voluntariamente tomes para deshacer los errores pasados que cometiste contra los demás.

* * *

Lo que has traído sobre ti puede llegar a su fin si descubres qué cualidad positiva necesitas desarrollar en tu actitud para reemplazar la negativa.

* * *

En la construcción de nuestro futuro, un resultado mixto proviene del carácter mixto y contradictorio de los pensamientos, sentimientos y deseos que tenemos habitualmente. Por lo tanto, nuestros propios miedos pueden contribuir con su parte a provocar lo que no deseamos. Aquí reside una ventaja de las afirmaciones positivas y las decisiones claras en nuestra actitud hacia el futuro.

* * *

Hay ocasiones en las que es prudente o sabio practicar la sumisión estoica. Pero hay otras ocasiones en las que es necesario luchar contra el acontecimiento o el entorno.

* * *

Si ciertos males están escritos en nuestro destino y no pueden ser evitados por medio del esfuerzo, a veces es posible minimizarlos por prudencia.

* * *

Puedes hacer todo lo que esté en tu mano para eludir tu destino, pero, aunque puedas tener éxito en algunos detalles, en otros no podrás. Por ejemplo, no puedes cambiar el color de tu piel. Pero el tipo de experiencias que te toca vivir como consecuencia de ese color está, en cierta medida, sujeto a tu influencia y carácter, así como tu propia reacción emocional en toda su extensión.

* * *

No hay necesidad de pesimismo cuando nuestra carrera parece encontrarse con obstáculos insuperables y parece llegar a un callejón sin salida, del que no se obtiene nada más que una sensación de gran frustración. En esos momentos, debes recordar que el karma puede comenzar a elaborar sus propios planes y que una reorientación de las actividades puede ser lo indicado. Debes hacer todo lo posible para *crear* tus oportunidades específicas y así acortar el tiempo de espera. El aspirante evolucionado no cae en categorías convencionales y es por eso que tienes que emprender un nuevo camino para ti mismo. Esto necesita coraje, fe, imaginación, intuición y la capacidad de reconocer las oportunidades kármicas y aprovecharlas al máximo.

* * *

Siempre puedes concluir correctamente tu oración solicitando orientación y a veces hasta pidiendo perdón. Sin embargo, tal petición solo puede justificarse si no es una solicitud que interfiere con el karma, solo si viene después del reconocimiento del mal hecho, la percepción de la debilidad personal, la confesión que conduce al arrepentimiento y un esfuerzo real para expiarlo por medio de penitencias y mejorar la moral. Las leyes eternas del karma no cesarán de operar, meramente por lo pedido y no podrán violar su propia integridad. Estas son impersonales y no pueden ser engatusadas para otorgar privilegios especiales o favores arbitrarios a nadie. No hay forma barata y fácil de escaparse de ellas. Si quieres evitar las consecuencias hirientes de tus propios pecados, debes usar esas mismas leyes para que te ayuden a hacerlo, y no intentar burlarlas. Debes establecer una serie de nuevas causas que producirán nuevas y agradables consecuencias, que pueden actuar como un antídoto para las más lejanas.

* * *

Hay un secreto gratificante entrelazado con el mandato de servir a la humanidad. Quien sea que se entregue a ese servicio inevitablemente recibirá un retorno similar como un boomerang que retornará un día cuando otros muestren una disposición para servirle. Porque el karma es una ley divina que nos trae de vuelta todo lo que hemos dado. El área y la profundidad de su propio servicio marcarán el área y la profundidad de lo que la humanidad extenderá hacia ti. Solo la forma será diferente, porque esto dependerá tanto de las circunstancias predominantes como de su propio deseo subconsciente o consciente. Puede tomar solo una forma mental o emocional. La moraleja de esto es que el sabio altruista no pierde nada al final por su altruismo, aunque el altruista insensato puede perder mucho como consecuencia kármica de su insensatez.

* * *

San Pablo, siguiendo al maestro que nunca vio físicamente, pero que conocía tan bien en el espíritu, colocó todas las otras virtudes bajo la compasión. ¿Están los pocos que tratan de ser verdaderos cristianos, al menos en este punto, ocupando por completo su tiempo? Así hacen esos yoguis que abolirían todo esfuerzo en el servicio y se concentrarían solo en la autorrealización. Sin embargo, ni Jesús ni Pablo eran sensibleros. Conocían el poder de la compasión para disolver el ego. Por lo tanto, era una parte de su código moral. Ellos también conocían otra razón por la que deberíamos practicar la conducta altruista y tener actitudes nobles. Con su ayuda podemos anticipar el final de la acción del mal karma o incluso ayudar a prevenir la manifestación de una deuda kármica que de otra manera sería inevitable.

ACEPTAR, SOPORTAR Y SUPERAR

Cada uno de nosotros tiene su propia carga de mal karma. El tipo de karma y cuán pesado sea es importante, pero más importante es cómo lo llevamos.

* * *

La filosofía nunca fomenta una actitud pasiva ante la ley de la retribución, pero no cae en el error de las escuelas de pensamiento engañosas que mantienen falsas esperanzas.

* * *

Hasta un cierto momento, el curso del destino de una persona está dentro de su área de influencia, e incluso de control; pero más allá de ese tiempo, no lo está.

* * *

Es sabio someterse a lo inevitable, pero primero es necesario estar seguro de qué es lo inevitable. Hay momentos en que es más sabio luchar contra el destino como un tigre capturado, y otras veces, en que es más sabio quedarse tan quieto en su presencia como un gato junto a la chimenea.

* * *

Resignarse ante las circunstancias, adaptarse al ambiente, prepararse para lo inevitable y aceptar lo ineludible, por más hostiles que sean, ellas tienen su lugar como el uso decidido del libre albedrio.

* * *

Es parte de la sabiduría aprender cuándo enfrentar las dificultades con una postura audaz y cuándo eludirlas con paciencia o astucia. Hay un momento adecuado para todos los acontecimientos. Si se producen demasiado pronto, entonces las consecuencias serán una mezcla de buenas y malas, de la misma manera que si se hubieran producido demasiado tarde. Sin embargo, si uno tiene la paciencia de esperar el momento adecuado y la sabiduría para reconocerlo, entonces los resultados serán absolutamente buenos. El karma entra en acción tan pronto como se produce una combinación adecuada de factores.

* * *

Esforzarse arduamente por un objetivo que valga la pena, pero resignarse a abandonarlo si el destino es adverso a su realización, no es lo mismo que no hacer nada por alcanzarlo y dejar ese objetivo enteramente al destino. Eliminar dentro de sí las causas evitables de la desGracia y los problemas, pero soportar con comprensión aquellos que son el destino ineludible de la vida humana no es lo mismo que dejar que esas causas permanezcan intactas aceptando ciegamente sus efectos como destino.

* * *

Intentar de la manera errada nos obstaculiza e intentar de la manera correcta nos ayuda. La rebelión contra el destino no ayuda; la aceptación y la corrección del destino sí lo hacen.

* * *

Si en algún momento debes resistirte ferozmente a los decretos del karma, también es correcto que, en otras circunstancias, debas inclinarte resignadamente ante ellos. Porque si no has aprendido la lección de dejar ir cuando es sabio hacerlo, entonces cada esfuerzo errado para mantenerte en contra de esos decretos solo te traerá más e innecesario dolor. No debes rebelarte contra ellos ciegamente. Comprender qué camino hay que tomar es algo que tienes que deducir por ti mismo. Ningún libro puede decirte esto, pero tu intuición comprobada por la razón o tu razón iluminada por la intuición, pueden hacerlo.

Tal intuición debe ser cuidadosamente distinguida de la pseudo-intuición, que es un mero eco de nuestros propios complejos emocionales, prejuicios innatos o pensamientos deseosos. La intuición es el auténtico susurro de nuestro Yo Superior. El eterno Yo Superior mantiene disueltos todos los innumerables recuerdos de nuestras personalidades. El Yo Superior solamente te dará a ti, lo que karmicamente te hayas ganado durante estas vidas sucesivas, lo que es siempre una compensación justa por las características que has manifestado a través de tus acciones. Y debido a que el Yo Superior es la fuente de este ajuste kármico, se puede decir que cada uno de nosotros es en verdad su propio juez. Porque nunca hay que olvidar que fundamentalmente el Yo Superior es el propio yo central; no es algo extraño o que está lejano a ti.

¿De qué sirve engañarse a sí mismo con frases conmovedoras sobre nuestra libertad para moldear la vida o con frases rotundas sobre nuestra capacidad de crear fortuna? El hecho es que el karma nos tiene bajo control, que el pasado nos rodea por todos lados, y que cuanto más envejecemos, más pequeña se vuelve el área de la pequeña libertad que nos queda. Sin duda, hay que hacer todo lo que podamos para dar forma al futuro y enmendar el pasado, pero resignémonos también a soportar reflexivamente todo lo que vendrá a nosotros o permanecerá con nosotros, hagamos lo que hagamos.

* * *

Un fatalismo[2] tan inteligente y calificado no necesita conducirnos a una parálisis de la voluntad y a la pasividad del cerebro. Enfáticamente, no hay que lamentar que no podamos hacer nada para cambiar y mejorar nuestra suerte, y peor aún quedarnos incluso sin el deseo de cambiarla. No: la comprensión del destino que enseña una doctrina no nos ilumina menos ni es menos calificada. Su efecto sobre aquellos que no solo creen en ella, sino que también la entienden, tiene como objetivo lograr un equilibrio entre la humilde resignación y una resistencia firme, dirigida a la correcta evaluación de todas las situaciones, para que lo verdaderamente inevitable y lo personalmente modificable sean vistos tal como son. Se somete a la voluntad de Dios, pero no niega la existencia de nuestra propia voluntad.

* * *

Podemos aceptar la derrota con un espíritu de resentimiento amargo o pesimismo melancólico. Ambas actitudes son totalmente improductivas. Hay una tercera y mejor manera: hacer que la derrota sirva como punto de partida para un avance diferente. Esto se puede hacer, en primer lugar, con franca aceptación y buscando auto analizarse para descubrir las faltas y confesar los errores, y segundo, por actos compensatorios de arrepentimiento que impulsa una nueva perspectiva.

* * *

Si las obligaciones kármicas han de cumplirse, al menos esto no se hará en total ignorancia. Será con resignación en lugar de odio, y con esperanza de un logro mayor.

2 Aquí se usa el término "fatalismo" aplicado al karma, a la ley de la retribución. [N. del E.]

* * *

Es posible que tengas que aprender a adaptarte a lo que no puedes controlar o evitar. Esto es la resignación, el verdadero significado del nombre –Islam– de la religión dada al mundo por Muhammed. Pero si tienes que aceptar ciertas cosas, eso no quiere decir que tu adaptación implique la aprobación de las mismas. Significa, más bien, que dejes de quejarte o de preocuparte por ellas.

* * *

Aún si tu intuición te advierte de un acontecimiento inminente, de tal manera que sabes que está inevitablemente preordenado y es inevitable, tu incapacidad para evitar que eso suceda no tiene por qué impedirte hacer todos los preparativos posibles para protegerte y así sufrir menos por él de lo que podrías haber hecho. Tal advertencia solo puede ser útil y te salva de caer en el pánico en el que el miedo a lo inesperado puede arrojar a otros.

* * *

De vez en cuando el karma presenta pruebas y problemas que no son agradables de soportar. De todos modos, tienen algo que enseñarnos aunque sea solamente la antigua lección de la necesidad de encontrar una vida interior más satisfactoria para compensar la transitoriedad y las vicisitudes de la vida exterior. No puedes escapar de esto mientras vivas en esta tierra, pero puedes tener la esperanza de comprenderlo y eventualmente, dominar tus reacciones mentales ante estas circunstancias. Ahí yace la paz y la sabiduría.

* * *

Siempre hay una parte de nuestra persona o destino que permanece totalmente fuera de nuestro control. No importa lo que hagamos, no podemos cambiarlo. Entonces, es más prudente reconocer lo inevitable de esta condición que desperdiciar fuerzas en una lucha inútil. Algunas veces, incluso, lo puedes convertir en una vantaja. Pero, ¿cómo vas a saber que esto es inevitable, que este decreto del destino, existe? Por el hecho de que sucumbes sin importar cuánto te esfuerces para cambiarlo,.

* * *

Interna y externamente, encontramos a través de la experiencia que una cierta línea del destino ha sido dibujada para nosotros y debe consumarse. Inútil es el esfuerzo de tratar de escapar de esa línea; sabios son la sumisión y el permanecer dentro de sus límites. Debemos permitirle que nos indique la dirección principal que debe tomar nuestra vida mental y física. Los pensamientos que más nos moverán y los principales acontecimientos que nos sucederán ya están marcados en la trayectoria de esa línea. Sin embargo, no hay nada de arbitrario en esto, ya que los pensamientos y los acontecimientos están relacionados, y juntos están aún más relacionados con un nacimiento interior en las largas series que constituye la vida humana en este planeta.

* * *

Si así tiene que ser tù vida, si así es como las cartas de tu destino han sido tiradas, y si la voz interior te pide que lo aceptes, después de que la voz exterior te ha llevado a intentos inútiles para alterarlo, entonces debe haber alguna razón definida para la situación. Busque esta razón.

* * *

Acepta plenamente y sin objeción el karma que has creado tú mismo, incluso hasta el punto de abstenerte de pedir que tus pecados sean perdonados, pues este karma es un resultado justo. Pide en cambio, que te sea mostrado cómo superar la debilidad que ha sido su causa.

* * *

Cuando aceptes que la aflicción contiene algún mensaje que debes aprender, serás capaz de soportarlo con dignidad y no con amargura.

* * *

Debemos aprender a dejar ir, a renunciar voluntariamente a aquello que el destino está decidido a quitarnos. Tal aceptación es la única manera de encontrar la paz y el único camino eficaz hacia una felicidad duradera. Debemos dejar de considerar a nuestras posesiones y relaciones individuales como si fueran permanentes.

* * *

Hay fuerzas que predeterminan nuestro destino y debemos saber cuándo ganar batallas: como Napoleón en retirada, que prefirió someterse al decreto del Destino. En el último capítulo de *La Sabiduría Oculta Más Allá del Yoga,* se recomendó una técnica utilizada por boxeadores expertos, como excelente principio, para enfrentar los golpes inevitables de un mal ciclo kármico. Otro ejemplo de este punto que será útil es el *ju-jutsu*, cuyo principio es conquistar a un adversario, cediéndole el paso de una manera tan hábil que se ve obligado a usar su propia fuerza, ya sea para derrotarse a sí mismo o para dañar sus propios músculos. De modo que podemos conquistar el mal karma inalterable, cediendo a él por un tiempo, pero finalmente extrayendo de él tal sabiduría de manera que nos elevemos más alto que antes.

* * *

Cuando hayas hecho esta rendición –algo que puedes hacer como ser humano– y hayas entregado completamente los resultados al yo más alto, analizado sus lecciones varias veces y llevándolas profundamente en el corazón, el problema ya no es tuyo. Estás liberado de él, mentalmente liberado de tu karma, cualquiera que sea la situación física. Ahora sabes que pase lo que pase, sucederá para mejor.

* * *

Una situación matrimonial dolorosa puede mejorar completamente o, de lo contrario, un segundo matrimonio puede resultar más feliz, si hay una mejora significativa en el pensamiento lo suficiente como para afectar el karma en el cual se está involucrado.

* * *

No estarás karmicamente libre de una relación desagradable hasta que mentalmente te hayas liberado de todos los pensamientos y actos negativos relacionados con ella. Entonces, las fuerzas kármicas externas te liberarán, o bien se te puede mostrar internamente cómo liberarte externamente.

* * *

No es necesario que permanezcas casado para pagar una deuda kármica, ni, por otro lado, estás libre de seguir tus propios deseos en este asunto. Es un error pensar que tal deuda debe seguir pagándose hasta el final de la vida. Sin embargo, se debe pagar para que tu vida y tu camino interior no estén obstruidos. Solo la voz de tu propia conciencia más profunda puede decidir sobre esto.

* * *

Las situaciones peculiares de la vida familiar, frecuentemente reúnen a dos almas cuya relación kármica no es la del amor, sino la de la enemistad. Pueden reunirse como hermano y hermana, o incluso, como marido y mujer. ¿Cuál debería ser la actitud filosófica del uno hacia el otro? Tomando un ejemplo concreto y asumiendo el caso de discordia conyugal –y sin perjuicio de los métodos prácticos como la separación o el divorcio que pueden considerarse necesarios– se puede decir que el compañero más con más claridad debe considerar al otro, primero, como un agente revelador, trayendo las fallas de ella o de él de manera más nítida, y segundo, como un laboratorio, en el que ella o él pueden experimentar la erradicación de tales faltas. Por lo tanto, si la esposa frecuentemente tiene crisis de ira, o de manera constante, siempre abusivamente quejumbrosa, el esposo no debe permitir que sus provocaciones causen la ira en él, sino más bien, su latente auto-control; la falta de consideración de la esposa no debería despertar una falta correspondiente en él, sino más bien, la consideración. De esta manera, la situación provocada por la conducta de la esposa puede convertirse en una oportunidad para que cosas más elevadas ocurran. Cada discusión doméstica, por mezquina que sea, debe permitir al esposo mostrar algo de los aspectos más divinos dentro de sí mismo. Además, aun suponiendo que los dos son radicalmente incompatibles, y que tarde o temprano tengan que separarse, la infelicidad causada debe ser usada por el compañero más comprensivo como impulso para hacer de él o ella más determinado o determinada y ganar independencia de las cosas externas, con el fin de obtener felicidad; así como para volverse más dependiente de las satisfacciones internas, que solo la parte superior de la mente puede producir. Además, deben hacer que la persona entienda que él o ella está expiando el karma pasado que se ha ganado a través de su propia impulsividad, estupidez o pasión.

5

EL KARMA Y LA GRAN LIBERACIÓN

Los privilegios de la iluminación solo pueden justificarse sobre la base del karma: "El mío, el mío, vendrá a mí", intuyó el poeta.

* * *

Así como tenemos que mirar el mundo de dos maneras, con un entendimiento inmediato y otro último, así tenemos que encontrar la iluminación de una manera doble, a través de nuestros propios esfuerzos auto-creativos y a través de la recepción de la Gracia.

* * *

Nadie está excluido de ese primer toque de Gracia que nos pone en la Búsqueda. Todos podemos recibirla y, al final, todos la recibimos. Pero vemos en todas partes a nuestro alrededor la abundante evidencia de que una persona no estará lista para ello hasta que haya tenido suficiente experiencia del mundo, suficiente frustración y decepción para hacer que detenerse y ser más humildes.

* * *

Entrar en la conciencia del Yo Superior es un acontecimiento que solo puede suceder por la Gracia. Todavía, hay una relación entre la Gracia y el esfuerzo que le precedió, aun así, no es una relación exacta, definitiva y universalmente válida.

* * *

Los aspirantes que dependen únicamente de sus propios esfuerzos para su auto-mejoramiento sentirán un día la necesidad de un poder externo que les conceda lo que no pueden conseguir por sí mismos. La tarea que han emprendido no la pueden realizar perfectamente ni completamente por sí solos. Al final, tendrán que arrodillarse y suplicar por la Gracia. El ego no puede salvarse a sí mismo. ¿Por qué? Porque secretamente no quiere hacerlo, porque eso significaría su propia extinción. Entonces, a menos que lo obligues a buscar la Gracia, todos tus esfuerzos te traerán solo un resultado parcial, nunca un resultado completamente satisfactorio. Aquellos que dicen que la idea de la Gracia viola el concepto de la ley universal no profundizan lo suficiente. Porque, entonces, verían que, por el contrario, se cumple la ley del esfuerzo de la mente individual, en la que ellos creen, complementándola con la ley de la actividad de la Mente Universal que existe dentro del individuo, en la que también deberían creer. Dios no puede estar separado de la humanidad, pues esta no vive en el vacío.

* * *

El destino del ego es ser elevado al Yo Superior, y allí extinguirse, o más correctamente, trascender a sí mismo. Pero debido a que el ego no terminará con su propia vida voluntariamente, algún poder externo debe intervenir para realizar esta elevación. Ese poder es la Gracia y ésta es la razón por la que la aparición de la Gracia es imperativa. Y a pesar de todas sus aspiraciones y oraciones, sus protestas y auto-acusaciones, el ego no quiere la ascensión final.

El constante auto-esfuerzo puede disminuir el egoísmo, pero no eliminarlo. Ese acto final es imposible, porque el ego no se suicidará voluntariamente. Lo que hace el auto-esfuerzo es preparar el camino para la fuerza adicional que puede aniquilarlo y así realizar la operación en el momento correcto y hacer posible su éxito. Lo que hace además es mejorar la inteligencia y la intuición y mejorar el carácter, lo que también prepara al individuo y atrae esas fuerzas. Ellas no son otra cosa que el perdón, la curación y, especialmente, los poderes transformadores de la Gracia.

* * *

¿Cómo puede el auto-esfuerzo del ego llevarle a la gran iluminación? Solo puede despejar el camino para ella, limpiar el vehículo del ego y remover las debilidades que la bloquea. Pero la luz de la sabiduría es una propiedad del ser más íntimo –el Alma– y, por lo tanto, solo esta puede traer esa luz hacia ti. ¿Cómo puede el ego dar o alcanzar algo que pertenece al Yo Superior? No puede. Solo lo divino puede dar lo divino. Es decir, solo por la Gracia se puede lograr la iluminación, no importa cuán arduamente trabajes por ella.

* * *

Cuando tus esfuerzos te han llevado hasta un cierto punto, solo entonces son apartados o lentamente alejados por otro poder: tu Yo más elevado. Lo que realmente sucede es que la energía o el poder que estás usando espontáneamente se enciende. Es este poder el que te permite hacer, realizar, lograr. El punto más importante es que el poder activo no es tu propia voluntad, sino que realmente es una visita directa de lo que debemos llamar Gracia. Esta experiencia del poder superior o el Yo más alto es fuertemente sentida.

* * *

La inercia espiritual que mantiene a la mayoría de las personas sin interés en la búsqueda es algo que ellas no tratarán de superar por iniciativa propia. Por lo tanto, la vida debe hacer esto por ellas. Su principal método es afligirlos con dolor, pérdida, decepción, enfermedad y muerte. Pero tales aflicciones están bajo el karma y no son arbitrarias, son intermitentes y no continuas, están incrustadas de alegrías y no abrumadoras. Por lo tanto, su resultado tarda en aparecer.

* * *

En ciertos casos, cuando una persona está destinada a realizar un gran avance en el camino espiritual y deliberadamente se niega a ingresar en él o impacientemente pospone tal entrada para un período posterior, el Yo Superior frecuentemente intervendrá y activará el karma de ambiciones frustradas, esperanzas decepcionadas, e incluso, la salud quebrantada. Luego, con desesperación, agonía o dolor, el caminante beberá la taza de la renuncia voluntaria o usará la ropa raída de la auto-abnegación. Su ego disminuye su fuerza por causa del sufrimiento. Su verdadero enemigo en el camino es el yo, porque él es la causa tanto del sufrimiento material como de la angustia mental, mientras bloquea la puerta a la verdad. Cuanto más le deprima el curso de los acontecimientos mundanos, más aprenderá a salir de su depresión, en el olvido de la contemplación espiritual. Para un devoto del misticismo, encontrar la paz temporal de esta manera es suficiente, pero para un devoto del misticismo filosófico, no lo es. Este último debe introducir la reflexión sobre el significado de esos acontecimientos en su contemplación. Cuando ha alcanzado esta visión impersonal, puede mirar hacia atrás en su vida pasada y comprender por qué gran parte de lo que sucedió tenía que suceder.

MÁS ALLÁ DEL KARMA PERSONAL

El funcionamiento de tu karma nunca llegaría a su fin si tu egoísmo nunca llegara a su fin. Sería un círculo vicioso del que no habría escapatoria. Pero cuando el sentido de la individualidad personal, que es la causa y el núcleo, es abandonado, el karma no cumplido es también abandonado.

Hay dos tipos de inmortalidad (mientras el yo inferior domine la conciencia): lo primero es la evolución "interminable" del ego, desarrollándose gradualmente a través de todas sus múltiples manifestaciones; y, lo segundo es la verdadera inmortalidad del eterno e inmutable Yo Verdadero –o Yo Superior– que subyace y sostiene al precedente para siempre.

Mi referencia a no aferrarse al ego simplemente significa que debemos aprender el arte de liberar lo que es transitorio en nosotros mismos y en nuestra existencia: aquello que puede sobrevivir solo temporalmente. La Verdadera Individualidad –el sentido y el sentimiento de simplemente Ser– nunca perece, y es la verdadera inmortalidad. A nadie se le pide que sacrifique todo interés y aprecio por las "cosas": uno puede continuar apreciándolas siempre que se comprenda su transitoriedad y no se engañe a sí mismo al sobrevalorarlas. Los profetas simplemente dicen que la vida eterna no puede ser encontrada en tales cosas.

* * *

¿Dónde está la esperanza para la humanidad si no hay Gracia, solamente el karma? Si uno tomó muchas eras para recolectar la carga kármica que ahora lleva, entonces tomará un período similar para desvincularse de ella –la tarea lúgubre continuará a través de cada reencarnación hasta que cada uno de nosotros muera una y otra vez– a menos que el recolector individual, el ego, ya no esté más aquí para reclamarlo. Pero anular la propia existencia del ego por sus propios medios es imposible, aunque sí es posible mediante el no-esfuerzo, la rendición al Poder Superior, al no reclamar más su identidad personal. Cuando entra, cuando se actualiza, es por obra de la Gracia y no una realización nuestra.

* * *

El secreto supremo de la Gracia no ha sido nunca resuelto por aquellos que no saben que sus previas reencarnaciones contribuyeron a ella. Algunas personas la reciben, solamente después de años de ardiente aspiración y trabajo, pero otros, como Francisco de Asís, la recibió sin preparación y sin aspiración. Los candidatos comunes no pueden darse el lujo de arriesgarse en este asunto, no pueden arriesgarse a desperdiciar toda una vida esperando la improbable visita de la Gracia. Será mejor que ofrezcan todo, dediquen su vida y entreguen todo lo que aman a la única pasión por el Yo Superior, que todo lo consume, si quieren que el poder de la Gracia fluya en ellos. Si no son capaces de donarse a sí mismos con esa profundidad, deja que hagan la siguiente mejor opción que es encontrar a alguien al que se le haya concedido la Gracia divina y que se haya transformado interiormente por ella. Que se conviertan en discípulos de esa persona, y entonces tendrán más posibilidades de que la Gracia descienda sobre ellos, de lo que hubieran tenido si caminaran solos.

* * *

El anhelo de liberarse de las limitaciones del destino personal y las compulsiones de las circunstancias externas solo puede ser satisfecho al perderse el sentido del tiempo.

* * *

Hay grandes peligros de incurrir en una actitud supina de *supuesta* sumisión de nuestra voluntad, una actitud en la que muchos místicos y religiosos frecuentemente caen. Existe una profunda diferencia entre la vida con pseudo-renuncia y la vida genuinamente entregada. Es bastante fácil malinterpretar el dicho "Hágase Tu voluntad". Jesús, a través de su propio ejemplo, le dio a esta frase un significado firme y positivo. Por lo tanto, su mejor comprensión es como sigue: "Tu voluntad será hecha *por mí*". Una amplia experiencia ha revelado cuántos son aquellos que se han degenerado en un fatalismo degradante, bajo la ilusión de que estaban cooperando así con la voluntad de Dios; cuántos son aquellos que, por su propia estupidez, negligencia, debilidad y mal comportamiento, no han hecho ningún esfuerzo para remediar las consecuencias de sus propios actos y, por lo tanto, han tenido que soportar el sufrimiento involucrado al máximo; cuántos son aquellos que no han aprovechado la oportunidad que presentan estos sufrimientos para reconocer que surgieron de sus propios defectos o faltas y de analizarse a tiempo, para tomar conciencia de estos y así evitar cometer el mismo error dos veces. La importancia de prestar atención a este consejo es inmensa. Por ejemplo, muchos aspirantes han sentido que el destino los ha obligado a trabajar en tareas inútiles, en medio de un entorno poco agradable, pero cuando su comprensión filosófica madura, comienzan a ver lo que antes era invisible: el significado kármico interno de estas tareas, el verdadero significado educativo o punitivo de esos ambientes. Una vez hecho esto, pueden acertadamente, y deben, por auto-respeto, trabajar para liberarse de ellos. Cada vez que aplastas pacientemente un pensamiento erróneo o tonto, estás aumentando tu fuerza interior. Cada vez que valientemente enfrentas una desgracia con una serena evaluación impersonal de su enseñanza, la añades a tu sabiduría interior. La persona que así, de manera sabia y autocrítica, se rinde, puede entonces seguir adelante con una sensación de seguridad externa y garantía interna, esperanzada y sin miedo, él o ella es ahora consciente de la protección benigna de su Yo Superior. Si te has esforzado para entender inteligentemente las lecciones educativas o punitivas que tienen para ti, entonces –y solo entonces– puedes conquistar los males de la vida, si en el exacto momento en que surgen, te vuelves hacia adentro de inmediato y persistentemente, percibiendo que la divinidad interior te ofrece refugio y armonía. Este doble proceso es siempre necesario y los fracasos de la Ciencia Cristiana son parcialmente la consecuencia de su falta de comprensión de esto.

* * *

A través de esta Gracia, los errores pasados pueden ser olvidados para que la sanación del presente pueda ser aceptada. En la alegría de esta Gracia, la miseria de los antiguos errores puede ser desterrada para siempre. No regrese al pasado –viva solo en el eterno Presente– en su paz, amor, sabiduría y fuerza.

* * *

Si entras en alineamiento con la conciencia del Yo Superior, estás obligado a renunciar a tu posición anterior de libre albedrío y de libre elección: pues ya tu existencia no es para complacer al ego. El factor regulador es ahora el propio Yo Superior.

* * *

Tus tendencias innatas aún pueden estar ahí por un tiempo –constituyen tu karma– pero la Gracia las mantiene bajo control.

* * *

Quien actúe volviéndose tan flexible como para dejar que el Yo Superior sujete su voluntad personal, debe necesariamente desprenderse, interiormente, de las consecuencias personales de sus acciones. Esto será verdad, independientemente de que las consecuencias sean agradables o desagradables. Tal desapego lo libera del poder del karma, que ya no puede capturarlo en su red, porque "él" no está allí. Su conciencia emocional que precede cualquier acción es siempre iluminada y caracterizada por una compostura sublime, mientras que en la persona no iluminada, la consciencia emocional puede estar caracterizada por motivaciones de deseo egocéntrico, ambición, miedo, esperanza, codicia, pasión, aversión o incluso odio: todos ellos producen karma.

* * *

La paz mental solo puede alcanzarse pagando el precio por ella, y parte de ese precio es liberarse de la excesiva dependencia de lo externo. La mente debe liberarse de la preocupación y la ansiedad, en lugar de ceder ante ellas en una sumisión desesperada. Esto invocará y ayudará a las fuerzas protectoras. Todos los pensamientos amargos hacia otros individuos deben ser desterrados. El amor debe darse, sea correspondido o no, y darse por igual a los débiles y a los fuertes. Una rica compensación interior aguarda a aquellos que pueden sobrellevarlo de esta manera.

* * *

El karma entra en acción solo si la impresión kármica es lo suficientemente fuerte para sobrevivir. En el caso del sabio, debido a que trata la vida como si fuera un sueño, porque la ve como una apariencia, todas sus experiencias están solamente en la superficie. Su mente interior y profunda no es tocada por ellas. Por lo tanto, él no genera karma de ellas y cuando sale del cuerpo al morir, puede cerrar para siempre el círculo de nacimiento y muerte.

* * *

Si puedes actuar atentamente y a la vez mantenerte apartado de los resultados de tus acciones; si puedes desempeñar tus responsabilidades o cumplir tus deberes, sin ser arrastrado por la euforia del éxito o de la miseria por el fracaso; si puedes moverte en el mundo, disfrutar de sus placeres y sobrellevar sus dolores, y, aun así, aferrarte inquebrantablemente a la búsqueda de lo que trasciende al mundo, entonces te has convertido en lo que los indios llaman un "karma yogi" y lo que los Griegos llaman un "hombre".

* * *

Con el significado propiamente entendido de tus sufrimientos y habiendo hecho adecuadamente los ajustes necesarios en la acción, en el carácter o en la inteligencia, puedes buscar y mantener ese equilibrio mental que es la paz interior. Al hacer tuyas estas verdades, enfrentarás las dificultades de la vida con la fortaleza y la inevitabilidad de la muerte con serenidad. Así, puedes aprender a moverte con un corazón impávido en medio de los problemas terrenales y con una mente ecuánime en medio de alegrías terrenales no porque busques olvidar los problemas y rechazar las alegrías –como un avestruz–, sino porque buscas –como un sabio– entenderlos. Según las palabras de un texto mongol, "quien experimenta la alegría y la tristeza con una mente equilibrada tiene espiritualidad, aunque exteriormente parezca mundano".

Sería fácil confundir tal serenidad con mera presunción o con un optimismo superficial. No puede ser lo primero porque es demasiado consciente tanto de los defectos de quien la posee como de las miserias de la humanidad. Y no puede ser optimismo superficial, porque la serenidad nace de la verdad, no de auto-decepción emocional. Se trata de una cualidad que surge después de una larga práctica filosófica. La serenidad sonríe solo porque lo entiende, no porque esté disfrutando emocionalmente de los rayos de la buena fortuna temporal.

* * *

Nadie logra extinguir el karma simplemente por negar intelectualmente su existencia, como lo hacen los devotos de algunos cultos. Sin embargo, si ellos primero enfrentaron su karma, lidiaron con él y lo utilizaron para el autocultivo y autodesarrollo, y solo después reconocieran su ilusión desde el punto de vista más elevado, su actitud podría haber sido una actitud correcta. De hecho, su intento de negar el karma prematuramente muestra una disposición de rebeldía contra la sabiduría divina, una miope y egoísta búsqueda de conveniencia momentánea, a costa de una negligencia permanente del deber de crecer espiritualmente.

* * *

Haz lo mejor que puedas para arreglar las cosas, lo mejor que puedas, luego entrega los resultados al destino y al Yo Superior. De todos modos, no hay nada más que puedas hacer. Puedes modificar tu destino, pero ciertos acontecimientos son inmutables, porque el mundo no es tuyo, sino de Dios. Puede que al principio no sepas qué acontecimientos son estos, por lo tanto, debes actuar de manera inteligente e intuitiva: más tarde podrás descubrirlos y aceptarlos. Pase lo que pase, el Yo Superior sigue ahí y te llevará a través de tus problemas y te sacará de ellos. Pase lo que pase con tus asuntos materiales, con tu cuerpo, no es tu verdadero TÚ. La parte más difícil es cuando tienes a otros que dependen de ti. Asímismo, debes aprender a encomendarlos al cuidado amoroso del Yo Superior, y no tratar de cargar todo el peso sobre tus propios hombros. Si Él puede cuidar de ti, puede cuidar de ellos también.

ÍNDICE

Las Agendas de Paul Brunton son una contribución excepcional que establece el estándar para toda una generación en su campo. Su claridad, exhaustividad, belleza y perspectiva completamente moderna y seria establecen un nuevo punto de referencia para los libros que promueven el autodescubrimiento espiritual e independiente y el desarrollo personal.

Compiladas a partir de más de 7,000 páginas que Paul Brunton escribió en sus años de mayor madurez y que fueron reservadas para su publicación póstuma, la serie de las *Agendas* consta de dieciséis volúmenes independientes, pero interrelacionados, cada explorando una dimensión única del carácter humano o del potencial espiritual. Tomados de manera individual, cada volumen es notable; tomados en su conjunto, la serie de las *Agendas* es insuperable por su combinación de profundidad, sencillez, detalles prácticos, poder inspirador y sensatez constante.

¿Qué es el Karma?
de Paul Brunton
compuesto con tipos Montserrat
en créditos y portadillas, y DGP
en el resto de las tripas,
maquetado bajo el cuidado de Daniel Vera,
y con la aprobación de Raúl Alonso
como editor de mesa de la obra,
se terminó de imprimir
el 11 de abril de 2025,
ese mismo día del año 487 a.C.
(luna llena del mes *vishaka*) fallece
Gautama Buda en Kushinagar (India).

LAUS DEO